甩手爸妈 你真棒

杨廷音◎著

台海出版社

图书在版编目(CIP)数据

甩手爸妈你真棒 / 杨廷音著. — 北京：台海出版社，
2018.8

ISBN 978-7-5168-2041-4

Ⅰ.①甩… Ⅱ.①杨… Ⅲ.①家庭教育 Ⅳ.①G78

中国版本图书馆 CIP 数据核字(2018)第 171920号

甩手爸妈你真棒

| 著　　者 | :杨廷音 |

责任编辑:王　萍	
装帧设计:快乐文化	版式设计:通联图文
责任校对:罗　金	责任印制:蔡　旭

出版发行:台海出版社

地　　址:北京市东城区景山东街 20 号　　邮政编码:100009

电　　话:010-64041652(发行,邮购)

传　　真:010-84045799(总编室)

网　　址:www.taimeng.org.cn/thcbs/default.htm

E － mail:thcbs@126.com

经　　销:全国各地新华书店

印　　刷:北京鑫瑞兴印刷有限公司

本书如有破损、缺页、装订错误,请与本社联系调换

开　　本:640mm×960mm	1/16
字　　数:190 千字	印　　张:15
版　　次:2018 年 11 月第 1 版	印　　次:2018 年 11 月第 1 次印刷
书　　号:ISBN 978-7-5168-2041-4	

定　　价:39.80元

前　言

有人说，这个世界没有熊孩子，只有熊父母。

若把孩子比做一块土地，那么，如何使其肥沃是一般的父母能做的事；而探寻哪个地方可能蕴藏着金矿、煤炭，则是出色的父母应该做的事。

一般来说，孩子长到两岁左右便会有强烈的"我自己"的独立愿望，慢慢地就开始会有自己动手的愿望，什么事都想自己试一试。

如果父母能循循善诱，孩子的独立能力便能不断提高。如帮助孩子学会自己吃饭、穿脱衣服、收拾玩具等。到了三四岁，可让孩子承担简单的家务，如浇花、帮助分碗筷等；五六岁的孩子可进一步学着自己洗手绢、洗袜子。

在这些过程中，孩子能逐渐培养独立意识。

相反，如果父母不能启发孩子蕴藏着的积极性，事事包办，就会使孩子失去早日获得自我服务技能的机会，进而事事不愿意动手，养成一种依赖性。

只可惜，大多数父母不明白这一点，几乎是全年无休地督促孩子的生活与学习，24小时紧盯孩子的一举一动，随时准备冲到孩子面前为他"指点迷津"，结果，不仅搞得自己身心俱疲，而且孩子也活得像个牵线木偶……

孩子是一张白纸，更是一道难解的谜题。他不是机器人，不是牵线木偶，无法看到父母内心的期望，不会主动变成父母期望的样子。就算父母常常耳提面命，孩子们也很有可能会左耳进右耳出，往往很难体会到父母无奈而又愤怒的心情。

如果我们真的明白，这世上没有完全相同的两片叶子，没有完全相同的两个人。应该就能理解，孩子虽然是父母两人孕育而成的，但自从出生之后，他就是一个完全独立的个体了。他有自己的思想，有自己的感情，有自己循序渐进的成长步伐。

让孩子自由探索，引导孩子去寻找真正的自己，陪伴他们成为他们自己的样子，这才是母爱和父爱应该具有的伟大与无私。

本书提倡做"甩手爸妈"，并不是让父母什么都不管，而是学会如何正确地放养孩子，走出传统的管理和控制，解放自己的同时也解放我们的孩子，给予孩子充分选择的自由，放飞孩子的理想与智慧，加以不失时机的鼓励和点拨，让孩子发挥出最大的潜能。

目 录

＞
＞＞
＞

<<<

<<<

| 第一章 |
甩手爸妈，教养从来不走捷径

对不起，甩手的教养方式更考验爸妈智慧

被熊孩子折磨的爸爸妈妈，

你们是不是正在寻找一种省时省力又省心的教养方法，

最好能让孩子开开心心地走向成功，

自己则能轻轻松松培养出优秀的孩子？

甩手的教养方式与众不同，

能让你早早收获一个独立自主、更加热爱生活的孩子。

| 1 |

时下的家庭教育，很多爸妈都习惯把自己的想法安在孩子身上，自己觉得孩子要吃什么、穿什么、玩什么，就一股脑地全都给孩子，孩子的业余时间去哪里、做什么，都要受他们的管控。只是，他们只看到了孩子在自己的手中规规矩矩的，却忽略了孩子在这样的管控下，正在一点点失去自我，失去发展的空间。

有些爸妈认为中学生学业重、时间紧，就应该放弃一切娱乐和休

息的时间，一切以高考为核心，全力以赴地准备"跳龙门"——正如一位老师曾经说过的："现代社会的压力很大，孩子们一出生就站在各自的起跑线上，时刻准备着冲进各自的跑道！看着那么小的孩子要负重前行，爸妈难免心疼！"

但是，我们要时刻提醒自己，压力是给大人的，不要传输给孩子。只有爸妈适当甩开手，孩子才能轻松上阵。

管教其实不难，甩手才难。因为，甩手需要爸妈付出更多的细心与耐心。它更考验爸妈的智慧。甩手教养的爸妈，要有智慧地规划孩子的学习与生活，应成为孩子学习的激励者、辅导者、各种能力和积极个性的培养者，而不是包办者、束缚者。

| 2 |

因为工作忙，豆豆的妈妈很少有时间去陪家人，尤其不知道孩子喜欢什么。一个周末她带孩子去公园玩，孩子在旁边和几个同龄小朋友玩耍，自己就坐在旁边的椅子上休息。

豆豆妈妈无意间发现地上有好多黑色的"小不点"，仔细一看原来是一群蚂蚁在搬家。有的蚂蚁用力衔着卵，有的蚂蚁抬着食物，有的蚂蚁抬着幼虫。还有一只个头比较大的蚂蚁，显然是整个队伍的头目，走在前面，像一个军队的将军一样。这时，一只淘气的小蚂蚁因为贪玩跑出了搬运队，头目便跑了过去，用自己的触角碰了碰小蚂蚁的触角，那只小蚂蚁似乎知道自己犯了错，又回到了自己的队伍中。豆豆的妈妈心想：它们很有纪律地搬家，可能是要下雨了。这时，突然爬过来一只大青虫，蚂蚁们似乎知道敌人来袭，便派出几只身强体壮的大蚂蚁，它们开始与大青虫"决斗"。最终，大青虫被蚂蚁咬死，成为蚂蚁的食物。

豆豆的妈妈说:"从蚂蚁搬家的过程中,我不但认识到了团结的力量,更觉得这种团结应该尽早让孩子感受到。因为现在独生子女特别多,独生子女最大的弱点就是不懂得配合,不懂得如何与人一起完成目标,总是有自我的一面。因此,在回家的路上,我陷入了思考,决定培养一下孩子融入团队的能力。"

在第二个周末,正好女儿的同班同学来家里玩,豆豆的妈妈故意将所有的玩具都拿出来,几个孩子玩得不亦乐乎,玩具放得到处都是,客厅乱七八糟的。在他们玩够了之后,豆豆的妈妈要求他们一起将玩具收拾到置物箱中,并且要进行很好的分类。谁做得好,谁就有冰激凌吃。此时,几个孩子便开始分工合作,有的拿布娃娃,有的收拾小动物,最终用了不到二十分钟就将所有的玩具摆放到了置物箱,当然,几个孩子都得到了冰激凌。

|3|

其实不难发现,孩子自降临到这个世界上,就有着最初的动手能力。举一个例子,当一个一岁多的孩子,看到家中的盆栽开了一朵花时,他一定会努力地朝那朵花伸出手。

朱棣文是获得诺贝尔奖的著名华裔科学家。他小时候,父母就很注重对他动手能力的培养。

小时候的朱棣文活泼好动,他的母亲回忆说:"他没有一刻闲着的时候,很淘气,家里的沙发他总是爬上爬下。但他天资聪颖,酷爱读书,从小就有很强的动手能力。"

童年的朱棣文有丰富的想象力及一定的思维能力,他经常将软肥皂捏成各种动物形状，连大人看到都感到惊奇。稍大一点，他就能用小刀在木头上雕刻各种他感兴趣的玩意儿。小小的朱棣文还用他那双灵巧的小手制作了一架又一架不同类型的"飞机"和"军舰"，客厅里到处摆放着他的作品。

再后来，朱棣文喜欢上了拆东西，家里的东西几乎都被他拆了一遍，但他的父母并没有斥责他。他爸爸规定：东西可以拆，但拆完后要自己组装好。这对朱棣文的动手能力是一个很好的锻炼。

朱棣文十分喜欢玩积木，他除了建房子模型外还会到库房找零件，将玩具改装成机器人。于是他爸爸就鼓励他通过学习物理知识来自己改装机器人。在这一过程中，他养成了自己动手的习惯，也让自己的双手更灵巧。通情达理的妈妈允许朱棣文进行他的"工程创作"，并且对他进行鼓励。

在父母的支持和鼓励下，上小学四年级的朱棣文已经成为一名"合格的"安装工了。爸爸经常和他一起动手，把一大堆零件组装在一起，做成一些他也不知为何物的大东西。朱棣文自己回忆说："小时候我花了许多时间用来制作一些无明确用途的器具。"

就这样，父母的鼓励，给了朱棣文动手实践的勇气，而超强的动手能力极大地促进了他的创新能力的发展。他在以后的科学道路上大胆实践，不断创新，最后获得了诺贝尔奖。

朱棣文的成功一定程度上也与他小时候所处的教育环境有关系。毕竟美国的教育方式是非常注重和讲究对孩子动手能力培养的。

我们的家长，也应该从中认识到实践能力对培养孩子创新能力的重要作用，并积极在现有教育体制下，探索各种方法锻炼孩子的动手实践能力，而不应对孩子过分溺爱，事事包办，不让孩子动手做任何事情。

在适当的时候学会放手，并不会让爸妈失去孩子，就像我们手中握着一把沙子，如果给掌心中的沙子留点空间，沙子反而可能并不会从指缝中漏得那么快！

所以，让孩子自己去想，去做，去关心世界，去体验人生，去了解宇宙吧，让他们的想象力、创新力甚至创造力都得到完全的发挥，从而积累丰富的实践知识和人生经验。

甩手爸妈，给孩子的人生不设限

爸妈给孩子的爱是无条件的，

不会因为学习成绩差而减少，

更不会因为没有别人家孩子优秀而消失，

当我们意识到这一点，

尊重和呵护孩子的个性与爱好，

就成了顺其自然的事情。

| 1 |

"你在干什么?快回来。"马路上，一位妈妈指着走在雪地上的女孩，大发雷霆。

昨晚下了一场雪，马路上满地白色，环卫工人一大早扫出了一条一米宽的路，经过的人都沿着这条路蹑手蹑脚地走。这位妈妈在前面走着，让女孩踩着自己的脚印走，但女孩调皮，跑到了雪地上。

"我在走路。"女孩回答。

"别人都不走的路万一有危险怎么办？ 快回来。"

女孩指了指身后，骄傲地说:"妈妈，我没有摔倒，而且我走出了第二条路呢。"

果然，在那个女孩的身后是一串小小的脚印，清晰可见。而那位妈妈的身后，还是那条被扫出的路。

| 2 |

很多时候，父母总觉得，孩子那么小，当然要听我们的，其实，再小的孩子，内心也是有着自己的想法的，"听父母的"只会限制了他们的兴趣爱好，以及最初萌芽的人生观、世界观。

比如故事里的小女孩，她走出来的路，如果得不到母亲的认可，甚至得到了母亲的呵斥，那么，以后这个孩子，在每一次内心渴望的、追求的东西得不到别人的认可时，心里就会产生一些疑问:"我这样做对不对？""如果对，为什么会有反对的声音？"

但母亲担心孩子的安全问题，也无可厚非。遇到这样的情况，父母就要告诉孩子,每个人的想法、见解都不一样,理想与追求也不相同。所以要多倾听自己心底的声音,在不违反道德、法律的前提下,自己认为是对的事情,就要坚持认真地做到底。

比如,故事里的妈妈,可以这样说:"孩子,你真厉害,自己能走出一条路!妈妈为你骄傲!不过,雪天路滑,为了安全起见,你还是按着扫出来的马路去上学吧,这样妈妈就不会担心了。"

| 3 |

明心禅师有一次和他的师父空海禅师对坐,空海问:"听说你从前的师父了然和尚大悟时说了一首偈,你还记得吗?"

"记得,记得。"明心答道,"那首偈是:'我有明珠一颗,久被法劳关锁,一朝法尽光生,照破山河星朵。'"语气中免不了有几分得意。

空海一听,大笑数声,一言不发地走了。

明心怔在当场,不知道师父为什么笑,心里很愁烦,整天都在思索师父的笑,怎么也找不出他大笑的原因。

那天晚上,他辗转反侧,怎么也睡不着,第二天实在忍不住了,大清早去问师父为什么笑。

空海禅师笑得更开心,对着因失眠而眼眶发黑的弟子说:"原来你还比不上一个小丑,小丑不怕人笑,你却怕人笑。"明心听了,豁然开朗。

是啊,不要说孩子了,就是大人,他人的一句评论、一声大笑、一种姿态也常常能影响到我们的情绪与想法,陷入到无法自拔的困境中。生活中,更是有许多因素会影响到孩子,这些因素中有好的,也有不好的,所以爸妈一定要帮助孩子接受好的因素的影响,而摆脱不好的因素的干扰与支配。

面对外界纷乱的信息诱导，要让孩子坚持自己的原则，把握好自己人生的方向盘。另外，父母要让孩子明白，他人的言论、评价有时是不公正的、不客观的，应该经过仔细的分析后，再做出判断，"有则改之，无则加勉"。

甩手爸妈给孩子最好的爱，就是不设限的爱，不给孩子的爱好兴趣设限，不给孩子的独立思考设限，鼓励孩子从小活出自我，同时也别忘记，在孩子人生的罗盘偏离时，及时地拉一把。

孩子的成长与进步不在分数高低

每次考试前后，

都是中国爸妈最焦虑的时间段，

为什么没有得100？

为什么没有别人家孩子成绩好？

为什么没有拿奖状？

为什么同样的起跑线却跑得比别人慢？

| 1 |

低分数、高能力的事例相当多，这些人可能就生活在我们周围，也许就是你的孩子。

国外有一位科学家，一生当中，与其助手一共发明和改进了很多东西，为世界文明的发展做出了巨大贡献，可是，谁又能知道这样赫赫有名的大科学家，七岁时开始上学，在校还不到三个月，便因"太笨"被迫退学，老师对他的父母说："这孩子一点都不用功，还老是提一些十分可笑的问题。他居然问我二加二为什么等于四，这太不像话了。我看这孩子太笨，留在学校里只会妨碍别的学生，还是别上学了吧。"

幸好，母亲教子有方，不断地对他进行鼓励和教育，不厌其烦地解答孩子提出的各式各样的问题，并为孩子提供书籍和实验器材，培养他的实验能力。

在科学家去世之后，人们纷纷悼念他，为他创造的伟大力量，为他带给世界的改变，为他的智慧。

同样，德国大数学家希尔伯特在少年时也表现平平，有时老师讲的课程还不能当堂吸收，需要课后重复学习。但后来经过努力，加上周围环境的影响，他成为一代数学领袖。

看，分数的高低，并不能够代表一个人永恒的发展，隐藏在分数之后的潜力与智慧，才是每一位爸妈更需要关注的东西。

| 2 |

成绩单上的成绩并没我们想象的那么重要。

一代大师郭沫若的四川乐山故居中，至今留存着两张郭沫若中学时代的成绩单。

一张成绩单是嘉定府官立中学堂于宣统元年五月二十八日所发。成绩列表如下：修身35；算术100；经学96；几何85；国文55；植物78；英语98；生理98；历史87；图画35；地理92；体操85。当时的郭沫若16岁，读完了中学二年级的课程。

另一张成绩单是四川官立高等中学堂所发。成绩列表如下：试验80；品行73；作文90；习字69；国文88；英语98；地理75；代数92；几何97；植物80；图画67；体操60。时年郭沫若18岁，读完了该校三年级第一学期的课程。

将郭沫若这两张成绩单拿到现在来进行比较，郭沫若绝对不是一个学习尖子。专长也不在文学上，倒是数学和生物方面有特长。

所以作为爸妈，最重要的不是分析孩子的成绩，而是要注意观察你的孩子到底具有什么样的潜力。

| 3 |

很多爸妈在生活中都不自觉地把自己定位成"管理者"或者"裁决者"，试图拥有绝对的"权力"，主导孩子的一切。只是，孩子自身也是一个独立的个体，爸妈要担任的不是高高在上的角色，而应该是孩子的朋友，与孩子平等地进行沟通和交流，或者成为孩子的参谋，为孩子出谋划策。

所以，爸妈要学会既要注意到孩子的学习成绩，又不能只盯住孩子的学习成绩，这样才能够更好地激发孩子的学习潜力。

而对于孩子成绩单背后所隐藏的特殊才能，爸妈要尝试去挖掘。在社会上，"三百六十行，行行出状元"，爸妈要根据孩子的才能和兴趣对其进行合理的培养。

看到孩子的成绩后，父母可以多提问，少批评。比如"你语文考得好，数学却较差，是不喜欢数学吗？""体育成绩倒是不错，但主课成绩不怎么样，是因为体育锻炼影响了主课吗？"等等，语气要尽量温和，带着协商的余地，相信孩子一定乐意和父母分析背后的原因，而父母也可以从中发掘孩子的特长。

每个孩子都是一座等待开启的宝藏

如果让我们说贝多芬、爱因斯坦、罗丹、迈克尔·乔丹，

谁更棒？

对于这个问题，

我们很难有一个统一的答案。

那为什么我们会用统一的标准，

来衡量自己家的孩子？

| 1 |

常常看见很多孩子整天垂头丧气的，一脸的不开心，问过原因，他们大多是因为成绩不好，被学校和父母否定，甚至被认定是一个失败者。

在当下，随着学校教育朝着高度化发展，课程设置得越来越有难度，有些孩子因为这样那样的原因，跟不上课程，成绩也不好，因此被老师同学，甚至家长嘲笑。

且不说智力发展有快有慢，就连自身能力，每个孩子之间都是不一样的。有的语文成绩好，有的数学成绩好，有的语文、数学成绩不好，但是体育成绩好，还有的会画画，还有的擅长做手工。可是，如果这些看似"不务正业"的特长得不到认可，而是一味地活在"学习成绩不好就没用"的魔咒里，孩子很容易心灰意冷。

小明的爸妈很典型。小明妈妈在小明上六年级之前给他报了一个绘画兴趣班，但小明爸爸极力反对，怕爱好耽误了学习，所以一直试图停了绘画兴趣班，但是小明很喜欢绘画，也很适应，也很有潜力，绘画老师劝小明爸爸保留小明的爱好，但小明爸爸始终坚持，最后不顾小明的情绪，停了小明的兴趣班。

每个孩子都有自己的特点，我们根本无法找到两个完全相同的孩子。孩子与孩子之间的差异并不只表现在能力发面，有的孩子喜欢数学，但有的小孩喜欢唱歌和运动；有的小孩喜欢与人交往，但有的小孩却喜欢写作，沉浸在自己的世界。

这种差异，还表现在另一个方面，即每一个孩子身心发展的速度也是不同的，他们会按照自己特有的时间慢慢发展。所谓的"神童"只是属于智力开发早的孩子,而小时候不开腔的孩子,一般属于智力发展比较晚的孩子,谈不上"笨"。

| 2 |

各位爸妈要学会判断自己的孩子大概属于哪一类型,是喜好聆听音乐、创作歌曲呢,还是喜好模仿表演、手工制作、运动?是喜好看书、写作、听故事、朗读呢,还是喜好提出问题、解决数学难题、进行逻辑推理?是喜欢自己一个人玩呢,还是更擅长与别人打交道?

有些爸妈会说:"别提了,在我家孩子身上,我一直没有找到特别让我满意的地方,我觉得我的孩子没有什么优势。"这是错误的,因为世界上公认的一些天才,他们的"天才之路"是非常曲折的。

世界上最伟大的音乐家之一贝多芬小时候学拉小提琴时,技术并不高明,他的老师说过他绝不是当作曲家的料。

生物进化论的创始人达尔文被自己的爸妈和亲戚判断资质平庸,与聪明完全沾不上边,当年他放弃行医时,遭到了父亲的斥责:"你放着正经事不干,整天只管打猎、捉耗子捉狗,能有什么出息。"

被世界公认的"天才"的成功之路也不是一帆风顺的,天才需要时间和空间"表达"自己独有的天赋,因此在成功的路上,他们往往比常人多经历几分磨难与失败,但也正因为此,他们才成为了天才。

| 3 |

据介绍，在加得纳的多元智能框架中，相对独立地存在着8种智能，分别是：语言智能、数理逻辑智能、音乐智能、视觉空间智能、身体运动智能、自省智能、人际交往智能和自然探索智能。在拥有这8种智能的人当中，我们不能说谁最聪明，他们都是具有高度发达智力的人，都可以在不同的方面以不同的方式将聪明才智发挥到极限。

所以，即使是普通的孩子，只要教育得当，也会成为不平凡的人。作为爸妈，要挖掘孩子自身的优势和潜能，为他创造条件，提供土壤，使他成为最好的自己。

不会甩手的爸妈，到底输掉了什么？

有这样一群"乖孩子"，

他们聪明、接受知识快、自理能力强、乖巧、听话，

受老师表扬是家常便饭，

很多妈妈都很羡慕家里有这样一个"乖孩子"，带起来省心，

不过乖孩子的另一面你关注到了吗？

| 1 |

幼儿园里有一个很"乖"的小孩,她叫小安,四岁,在小班。其他小朋友每天都吵吵闹闹的,争先恐后地跑到老师面前,大声叫嚷,一个个喊着:"老师,我要飞机。""老师,我要玩具。""老师,我要零食。"……但小安很安静,喜欢自己一个人在一旁坐着,不吵也不闹,不与小朋友玩,也不怎么说话。

老师主动去关心她:"小安,你要玩玩具吗?"

"要。"小安轻轻地说。

"你想要哪一个玩具?"

小安又不说话了,指了指老师手中的玩偶,眼巴巴地盯着老师。后来经过一段时间的观察,老师发现小安在任何时候的对话都是被动的一问一答或者一问无答。老师把这种情况反映给家长时,小安的父母愕然,难道我家孩子"乖"还不对了?

没错,爸妈们都很希望自己的孩子不吵不闹,成为一个"乖孩子",不给自己添乱,但是"乖"并不代表"好",很有可能是对自己缺乏信心,行动上经常退缩。

后来老师了解到,小安在家里,凡事都是由父母安排好了的,包括几点起床,早饭吃什么,穿什么衣服出门,今天和哪个小朋友去玩……久而久之,小安就"乖乖"地顺从,对于自己喜欢的衣服和玩具,也不敢开口索要和表达了。

如果这种行为一直陪伴着孩子,得不到及时消除,久而久之,孩子的性格会受到影响,产生自卑感,甚至形成孤僻、怯懦等性格。

在讲究素质教育的今天,必须改变那种只看孩子智力水平和身体健康，却忽略心理健康水平、个性发展水平的陈旧观念。现实生活中有一些孩子表面看来好像很听话，是个"乖孩子"，却存在情感淡薄、性格脆弱、意志薄弱这些心理问题，爸妈们必须时刻关注孩子的心理健康问题。

| 2 |

英国伦敦小学三年级的斯蒂文很淘气，经常恶作剧。有一次他很严肃地对他的一个朋友说明天是"把宠物带到学校日"，结果许多小孩把家里的猫猫狗狗都带到了学校……斯蒂文对此的解释是：老师讲的东西太简单，不能满足他的好奇心，所以才把精力分散到淘气上去的。

当他惹了麻烦被老师关禁闭的时候，他高中都没读完的爸妈却"捍卫"他的"独特性"，理直气壮地跟老师说："这孩子聪明透顶，有独特的想法！"

有一位县城里的幼儿老师出差到市区的一家幼儿园学习教育经验。在一节绘画课上，有一个小朋友用黑色笔画了一朵花，市区幼儿园的老师走过去，表扬她："画得很好。"小朋友高兴地笑了，但县城的幼儿老师却走过去，跟孩子说："世界上没有黑色的花。"市区的老师连忙补充说："现在是没有，但是，也许孩子你以后能够培养出这样的花！"

老师与爸妈应容忍孩子的"不听话"，甚至进行表扬，思维上的"不听话"实质是在保护孩子的想象力，激发孩子的创造力。孩子是自由的，还没有被各种规则束缚住，因此看到的世界也是特殊的，如果用成人觉得"正确"的思维方式进行干涉，便会扼杀他们的想象力和创造力。

对于孩子而言，"乖"是大人制造的一颗情感棒棒糖。当孩子顺从了大人的意愿，在行为上"符合"了成人世界的标准，就会获得大人的夸奖，这种情感上的赞扬会让孩子体验到顺从是一种快乐。尽管这种顺从并不是他的真正想法，可是为了那颗看起来很好吃的棒棒糖，有些孩子便放弃了自己的想象力和创造力，努力成为一个"乖"的小孩。

久而久之，外部的评价会成为主导孩子自我判断的主要标准，让他们产生一种"我在别人眼里的形象是最重要的"的错误认知。

｜3｜

天天的爸妈对天天的要求非常严格，所以，天天上学以后一直很乖，只要是爸妈说的话，他不敢不听。在爸妈这种严格的教育下，天天的成绩在同龄人中是最好的。在爸妈和老师眼中，他绝对是个好孩子。

可自从上了六年级以后，天天就变得不听话了，也不愿意上学了。很多时候，天天都把自己锁在房间里，不管爸妈怎么劝都不肯出来。开始的时候，爸妈只好假称天天生病了，向老师请假。但是，几天下来，天天还是不肯去上学。这下可把爸妈急坏了，不管爸妈怎么骂、怎么劝，天天都不去上学，最后，爸妈也只能跟老师说了实话。在班主任的建议下，爸妈带着天天去了医院。

心理医生和天天单独谈话之后才知道，天天为了做个听话的好孩子，一直活得很压抑。在一次与同学的争执中，天天爆发了。这次之后，他就一直觉得同学们都在背后说他坏话，都不喜欢他，所以他也不愿意去上学了。

有些妈妈在教育孩子的时候会说："你看，邻居家的哥哥多听话，你以后也要像哥哥那样乖。"在爸妈的心中，孩子听话就是爸妈最大的骄傲。但实际上，孩子太听话了，也不一定是件好事。

很多儿童心理专家指出，越是听话的孩子，就越缺乏创造性、冒险性，甚至缺乏自我判断能力。当这些与生俱来的天性被爸妈抹杀后，一旦有一天他们面对困难，就会很容易患上"心病"，比如抑郁症、焦虑症，甚至精神分裂症等。

小孩子的喜好和妈妈的喜好是有很大区别的。很多爸妈理解不了孩子为什么会有那么多稀奇古怪的想法，小孩子也理解不了大人为什么可以指使自己，而自己却不能指使爸妈。爸妈应该让孩子学会做自己，而不是做爸妈的"翻版"。

比如，让孩子用自己喜欢的风格来布置自己的房间，让孩子交自己喜欢的朋友，做自己喜欢做的事情……

很多妈妈会对孩子有太多的不放心，喜欢处处管着孩子，从而让孩子变得越来越听话。有些孩子甚至因为太听话了，而在心理上依赖爸妈的管教。

"听话"和"有主见"不是两个对立面，就像硬币也有正反面一样，两者本来就是一体的，并不存在冲突。

不要把孩子管教得太听话了，适当让孩子"叛逆"也是必要的。

适时放手，试试做一回甩手爸妈，也许孩子会给你不一样的惊喜！

世界正在淘汰不肯放手的爸妈

社会在20年前就进入了知识大爆炸的时代，

今天已经开启了科技大爆炸的时代，

世界变化日新月异，

不肯放手的爸妈确定自己灌输给孩子的理论，

能让孩子在未来处于不败之地吗？

世界不一样了，

代沟只会越来越深，

因为孩子对世界的理解与爸妈完全不一样。

学会巧妙地放手，

让孩子在未来的知识海洋中去体会去发现，

是当下爸妈能做的最好的决定。

| 1 |

我们往往不会因为孩子没有刘翔跑得快，就把他暴揍一顿；也不

会因为孩子没有姚明长得高，就每天唠叨个没完；更不会因为孩子没有爱因斯坦聪明，就痛心疾首地认定他是个笨蛋……

可是，当孩子拿着60分的试卷来到我们面前时，绝大多数父母都会立刻晴转多云，进入战备状态。

更有甚者，有些孩子拿着98分的成绩，还要被父母质问为什么没有得到满分。

如果你自己正是这样苛刻的爸妈，请立刻惩罚自己面壁思过半小时，认真反思如何正确面对孩子成长过程中多如牛毛般的瑕疵。

如果将现实翻转，由孩子每天拿着放大镜侦查爸妈的缺点与失误，可能很多家长都达不到及格线吧。

| 2 |

中国式爸妈的特点就是含蓄、内敛、克制。我们从小接受的教育就是面对亲朋好友温良、谦让、沉静，不让人觉得锋芒毕露，面对孩子要不苟言笑，树立起爸妈的威严。让孩子觉得怕，才好管教孩子，这样的理念已经荼毒了我们自己的童年，现在难道还要延续到孩子的身上吗？

叮当是个名副其实的小淘气，经常做出一些让父母头疼不已的举动。每次"犯错"虽然都被严厉地批评甚至处罚，可是看起来并没有什么用。一转眼，叮当就会把爸爸妈妈的告诫忘得干干净净。

周五下班后，爸爸一进家门就听到叮当的呼救声："爸爸，快来救救我……"

原来，叮当爬到了一个新买来的大衣柜的顶端，柜子太高他下不来了,妈妈在厨房做饭并没有发现。

爸爸被吓出了一身冷汗,想到万一摔下来的后果,简直要把叮当拎下来胖揍一顿。但他想起下午刚看的育儿书里说"对孩子发火是最不理智的行为"时,瞬间冷静了下来。他决定试试书里的建议,用另一种方式来解决问题。

看到孩子脸上露出的惊恐表情,他不动声色地说:"儿子,你是怎么上去的?"

"爬上来的。"叮当怯怯地回答。

"怎么爬上去的呢?"

"我从下面打开柜门,拉开抽屉,然后踩在抽屉上,用手抓住柜子顶蹬着柜门就上来了。"

"既然你能爬上去,就能下来。不要一遇到困难就向爸爸求救,要想办法自己解决。爸爸相信你,你一定能自己下来的,爸爸不离开,就在旁边看着。"爸爸说。

叮当看爸爸并没有批评他,但也没有要救他下来的意思。无奈之下,他真还一步步地爬了下来。接着,爸爸走上去,给了他一个大大的拥抱,说:"爸爸知道你能下来的,你是好样的。"

叮当独立完成了小小的壮举,竟然还受到了赞扬,他激动地在爸爸脸上"啵"了一下,开心地笑了。

妈妈站在厨房门前,静静地看着父子俩的交流,瞬间觉得幸福感满溢。这个周末,叮当家充满了欢声笑语,顽皮的叮当好像一下子变得懂事很多。

| 3 |

不可否认，所有的爸妈对孩子都是爱意满满。可现实中，很多孩子感觉不到自己被爱，常常怀疑自己是捡来的，或者是"充话费赠送"的。当孩子有意无意透露出这类信息时，我们真的要好好反省一下，自己对孩子爱的表达是不是用错了很多表情，浪费了很多亲子时间。

研究表明，善于运用以下五种方法陪伴孩子，会有更高的陪伴质量。

要亲亲要抱抱

我们都知道要和陌生人保持距离，不同的人保持不同的距离，才能让人安心。反之，孩子是我们最爱的人，那不就应该经常与他亲密接触吗？下班回家，扔掉面具扔掉距离，在我们拥抱孩子的同时，也释放了自己被压抑的心灵。常常被爸妈牵着手、拥抱和亲吻的孩子，比那些被人长期冷落的孩子性格更好，更容易获得幸福感。

用眼神和语言肯定

作为孩子，再也没有比得到爸妈的肯定，更能让他们感受到被爱了。孩子成长的过程就是探索世界的过程，对孩子来说，我们习以为常的一切都是那么新鲜。当他的探索与发现被肯定，才有更大的动力继续向前奋进。如果你觉得自己掌握不好夸奖的尺度，那最起码也要做到不再挖苦、数落、讽刺孩子。

用心关注他的一切

陪伴孩子的时间少，更需要提高陪伴的质量，在短暂的时段里给予孩子全心的关注。用行动告诉孩子：你很重要，我喜欢跟你在一起。

这会使孩子觉得他对爸妈来说是世界上最重要的人，他是真正被爱着的人。

用礼物表达心意

让孩子最开心的事情，莫过于收到喜欢的礼物。在每一个节日，或者不经意的日子，给孩子送上精心挑选的礼物。看着他惊喜的表情，爱不释手的欢乐，你一定也会很开心。当你忙碌不在家的日子，这些礼物也会默默陪伴在孩子的身边，为他赶走孤单。

用行动给孩子领路

爸妈给予孩子的陪伴，不仅是表达爱的一种方式，还是给孩子以身作则的人生示范。引导他们帮助他们成为成熟的人，并能够用成熟的行为去爱别人，去回报社会。想象一下，那些从小缺爱的孩子，长大以后更大可能不是回报而是报复，是不是就能让爸妈们立刻警醒。

如果你在百忙之中抽出时间来教训孩子，还是省省吧，那对孩子只能是有害无益的。父母一方面要学会给孩子传递有理智的爱，另一方面也不要刻意去掩饰自己对孩子的爱，要克服羞涩的感觉勇敢表达。利用好每一次陪伴孩子的机会，珍惜每一分每一秒陪伴孩子的时间，给他鼓励，给他拥抱，给他爱的话语，让孩子生活在爱的氛围中。

不是所有的弯路，都非走不可

每一对爸妈都是第一次做父母，

所有养育孩子的过程都是从头开始摸索，

当爸妈们发现自己常常在教养子女方面犯了错，

就会安慰自己，

"第一次养孩子难免犯错"……

但更多的爸妈会四处取经，

会参阅国内外先进教育书籍，

尽可能不犯错、少犯错，

以免给孩子留下难以挽回的伤害。

对照自己，

你做到了多少？

| 1 |

"兴趣是学习和求知最大的动力。"这句古老的谚语今天和以后

都不会过时，它所包含的是人类知识获取的一个古老而充满智慧的法则。"引导是教育和培养孩子的最好的方法。"这句话今天和以后也不会过时。

有一个很神奇的现象，就是很多孩子对一群小鸟、一只昆虫或者一条鱼、一匹马等动物都有着浓厚的兴趣，他们可以把长时间的注意力都放在上面，一两个小时，甚至一天，而且可以是在没有任何要求和督促的情况下，可是如果让他们花20分钟去背一首古诗，或者写一篇小作文，几乎是不可能完成的任务。这是为什么呢？

这就是兴趣的魔力。

甩手爸妈们会小心翼翼地保护孩子的学习兴趣不受到损伤，当学校学习任务过于繁重时，会主动给孩子调节生活节奏，让孩子能够开心快乐地投入到学习中去。而不懂甩手的爸妈在孩子遇到困难和重负时，会再给孩子加上沉重的心理负担。两相对比，高下立判——接受素质教育的孩子当然会更优秀自信。

好爸妈不是天生的，在养育孩子这件事情上，没有哪位爸妈是天才，只有不断完善自己的育儿知识和教育方式，才能真正成为一个好爸妈，成为一个合格的爸妈。

| 2 |

斯托夫人就是一位学出来的好妈妈。她在教育孩子的过程中，不断学习和研究，形成了自己独具特色的自然教育。凝结斯托夫人心血的自然教育，与赛德尔兹的教育理念有异曲同工之妙，但是斯托夫人的方法有更鲜明的女性特征。

斯托夫人有个女儿，名叫维尼夫雷特。在得到《卡尔·威特的教育》一书之后，她一边按照老威特的教育方法来培养女儿，一边研究自己的育儿方法，并且取得了非凡的成功。在妈妈的训练下，女儿从3岁起就会写诗歌和散文，4岁时便能用世界语写剧本。她的诗歌和散文，从5岁起被刊载在各种报刊上并汇集成书，博得了广泛的好评。

斯托夫人也不满足于仅将自己的女儿培养成才，她也渴望让世人了解早期教育对孩子成长的重要性，她的"伟大始于家庭"的观念已深入美国的千家万户，并使越来越多的美国家庭从中获益。

斯托夫人明确指出，孩子能否成为杰出人物，完全取决于爸妈施行了什么样的教育。做爸妈的知道这一点是十分重要的。但是更重要的是懂得怎样才能成为一个好爸妈。

| 3 |

称职的好爸妈都是学出来的。

在不少孩子的眼里，学习好像是一件特别可怕和令人讨厌的事情，但真的是这样吗？并不是，只要掌握了科学的学习方法，就会发现其实学习也是一件能够带来无穷快乐和无比幸福的事，付出一点点，就能收获很多。

甩手爸妈不会紧盯着孩子不放，他们只会要求自己不断学习不断进步，再潜移默化地影响孩子，让孩子感受到生活和学习的美好之处。

第二章

甩手爸妈，孩子未来更独立自信

"别人家的孩子"拥有"别人家的爸妈"

当我们羡慕"别人家的孩子"时，
自己家的孩子也在羡慕着"别人家的爸妈"。
只是大人会堂而皇之地要求孩子向别人多学习，
可孩子却因为害怕不敢提出相同的要求。

| 1 |

高田，33岁，小学音乐教师。做妈妈后，因为丈夫的工作忙，她担负起了教育孩子的重任。除了照顾儿子吃喝拉撒，还要负责开发儿子的小脑瓜。

她欣赏卡尔·威廉爸爸的一句话："每个孩子生下来不一定是天才，但父母应尽可能使他们成为天才。"作为教师，她了解教育的原理，作为妈妈，她从头学起早期教育知识，自己小时候的遗憾使她更加珍惜与孩子玩耍嬉戏的时间，因为这是一项多么有意义的工作！

高田相信这样的一个说法，"常与父母相处的孩子智商高"，而且乐于亲身尝试。她更相信浓郁的家庭学习氛围对孩子一生的影响巨大。因此，在家中两个大人学习进修的同时，还有意无意地把儿子也带入了学习的天地。

动物、植物、日常用品、世界名著、安徒生童话，看得懂、看不懂的，儿子都爱看，当然看的同时还要爸妈为他讲解。高田认为儿童早期的阅读父母指导是必要的，仿佛教会他使用开门的钥匙一样。

每晚给儿子讲故事，这是他们家雷打不动的习惯，给儿子讲故事这个任务还真不简单，故事不能重复、不能遗漏，还要创编，由儿子命题，或者儿子开个头，妈妈口头作文，稍不留神便让儿子抓住把柄推倒重来。为此，她经常光顾书店少儿图书柜，与儿子一起研究"奥特曼"和"宇宙大战"，留意各种新式武器、车辆、玩具，晚上看新闻时，母子俩会饶有兴致地评论上好一会儿。与儿子讨论"十万个为什么"，需要翻找大量教育学、心理学著作，并且时时将育子感悟记录下来。在这样一位爱钻研的妈妈的影响下，儿子对幼儿园花坛里的芭蕉根也会浮想联翩："这是地上的鸟窝，还是蚂蚁的游泳池呢？"

高田没有把开发智力当作孩子学习的唯一内容，她的教育方法往往是"自成一体的独创"，比如她为孩子讲了这么多故事，并不是要把孩子培养成小小故事员。她只是希望让儿子去看看别人的本领，去大胆地自己创编故事。

| 2 |

高田听老师反映，儿子有点傲气，发言很积极，上绘画课时却漫不经心。于是她安排双休日全家去乡下看花草、喂金鱼、捉蜻蜓、观察刚刚结蒂的小西瓜，她都将其画下来，回家向儿子展示手艺，告

诉儿子把大自然中这些奇妙的景象画下来多有意思！知道学会观察，就会有东西画，学会把心里的想法画出来，就是一个画家，只要用心画，自然就能画好。儿子的每一张图画，爸妈都视如珍宝，及时展示和讲评，让儿子知道这是爸妈对他付出劳动的尊重，是对他努力学习的鼓励。

俗话常说大人是孩子的榜样，其实在孩子的身上，大人也能够学到很多，不单单是孩子的眼光和感觉，包括那些童真、大无畏精神、奇妙的创造力，都是值得大人们学习的。

有时候大人弹琴，稍有走调，灵敏的孩子就听出来了，而且直言不讳地指出。

有时候大人在市场交易中缺斤少两，正直的孩子就站出来了，指出这是完全不对的。

……

孩子啊，对大人来说，其实更像一本讲不完、读不透，需要不断探索的教科书。

| 3 |

爸妈仅告诉孩子上学很重要是不够的，还必须向孩子说明，学习是一种生活方式。

现在很多爸妈习惯花很多钱去帮孩子报兴趣班，希望提高他们看书的兴趣，其实不用，只要你在读书，你在看书，他们自然也会喜欢。或者，你每周都带他去丰富多彩的博物馆，让他完全置身在课外活动中，他们自然也会对知识产生浓厚的探索和求知欲望。

爸妈需为孩子创造一个无忧无虑的学习环境，不要给他们太多的压力。许多时候爸妈只看重分数，可是如果孩子的每门课都很优秀，却不能够告诉你们他是如何获得这些好成绩的，这是不够的。爸妈要对孩子的学习过程有一个全面的了解，不仅要知道他的分数，更要知道他学习的过程。

在学习的过程中，如果孩子需要帮助，爸妈要做的不是直接给出答案，而是给出一些提示，让他们自己找到答案，比如可以问："这个问题很好，你觉得在哪里可以找到答案呢？"如果在这个过程中，爸妈发现孩子的成绩退步了，不要一味责怪，要重视这个信号，并找到退步的原因，根据原因想出对应的措施。

面对自信心不足的孩子，鼓励的最好方式不是一味地给予空泛的赞扬，而是直接地设立目标，而且不光是孩子的，连同爸妈在内都需要。比如，做一份家庭目标表，爸爸本年度要完成什么，妈妈本年度要取得哪些成就，孩子本年度要达到怎么样的进步。

因为，对孩子持有较高的期望并且让孩子体会到这一点，能够让孩子们对自己有信心，并且朝着那个期望去进步。

"散养"的孩子更加自信坚强

保持个性还是随波逐流，

是每一个成年人都要面对的现实问题。

但在教育方面，

我们应毫不犹豫地欣赏有主见有担当的孩子。

甩手爸妈坚信，

每一个孩子都是独一无二的。

| 1 |

她是英国第一位女首相，也是任职时间最长的一位女首相，更是一位高瞻远瞩的政治家和外交家。在她任职期间，政绩卓著，领导才能不仅征服了英国人民，而且征服了世界，她就是人称"铁娘子"的玛格丽特·撒切尔。

玛格丽特之所以能够成功，得益于爸爸罗伯茨从小对她的教育。爸爸是一个鞋匠的儿子，通过自己的努力，开设了一家小杂货店以维持生计。

罗伯茨的爱好很广泛，尤其热衷于政治，受爸爸的影响，玛格丽特从小就博览群书，对政治、历史、人物等书籍更是钟爱，所以，从小就对政治有深刻的了解。

在玛格丽特5岁生日那天，爸爸语重心长地对她说："宝贝，现在你要记住——凡事要有主见，用自己的想法和大脑来判断事物的是非，千万不要做毫无主见的跟随者，那种人云亦云的思维将会害了你！"

这就是爸爸赠给玛格丽特的箴言，也是他送给女儿最珍贵的生日礼物。

为了把女儿培养成坚强、独立的孩子，爸爸决定塑造女儿"严谨、准确、注重细节、对对与错严格区分"的独立人格。

在爸爸这位"人生导师"的指引下，玛格丽特坚实、独立地成长着。

罗伯茨家的生活条件很艰苦，没有洗澡间，没有热水，甚至没有室内厕所，家中更没有像样的值钱的东西。

有一阵子玛格丽特迷上了电影和戏剧，几乎每周都去一趟电影院或是戏院，每次都是尽兴而归。

有一天，她的零用钱不足以支付日常基本开销，于是，她胆怯地向爸爸"借钱"，却遭到了爸爸的断然拒绝。爸爸并不是不爱她，而是有意识地为她营造一种独立、自强、拼搏向上的生活氛围。爸爸要让她知道，只有经济上独立，才能不受制于人。于是，爸爸要求她到店里站柜台，在家中做家务，为她安排力所能及的事情，他不许女儿说"我干不了"或是"这太难了"之类的话，罗伯茨就以这种方法培养玛格丽特的独立能力。

玛格丽特到了入学的年龄，随着年龄的增长，她才惊讶地发现同学们都拥有比自己更自由、幸福的生活，原来在劳动、学习、礼拜之外还有如此广阔的天空。

她的同学可以和朋友一起骑自行车外出或是游戏。想想这一切，玛格丽特都觉得很诱人。

有一天，回到家的玛格丽特终于鼓起勇气对爸爸说出了自己的想法："爸爸，我也想和小朋友们出去玩！"此时，威严的爸爸说："你必须有自己的主见！不能因为你的朋友要做某件事情你就尾随其后，凡事你都应该自己做决定。"

见玛格丽特不说话，爸爸的语气缓和下来，继续劝导她："孩子，不是爸爸要限制你的自由，而是你应该有自己的判断力，有自己的想法。现在是你学习的大好时光，如果你沉迷于游乐，那样的人生注定会一事无成，我相信你有自己的判断力，那好，现在你就自己定吧！"

听完爸爸的话，幼小的玛格丽特依旧没有出声，爸爸的话深深地刻入了她的脑海中，她想："是啊，我就是我自己，为什么要学别人呢？我还有很多事情需要去做，刚刚买回来的书还没有读完呢！"

罗伯茨经常这样教育女儿："做事要有主见和理想；独立行事，彰显与众不同的个性，而不是让光芒隐藏在芸芸众生之中，千万不要盲目迎合他人。"在这种家庭教育的培养下，铸就了玛格丽特高度自信和独立不羁的个性。

| 2 |

玛格丽特所在的学校经常会请人来校做演讲，每次演讲结束后，总会给学生们留下自由提问的时间。此时，玛格丽特总是第一个站起

来，大胆地提出自己的疑问，而其他同学都怯怯地不敢开口。

回家之后，玛格丽特会向爸爸汇报一天的学习情况，爸爸总是鼓励她说："孩子，爸爸为你拥有这样的自信感到骄傲，我相信你一定会成为出色的辩论家！"

有了爸爸的鼓励和支持，玛格丽特对自己的口才充满了自信。上中学时，玛格丽特已经是学校辩论俱乐部的成员。

每一次上台演讲，她从来都不怯场，但是玛格丽特当时的演讲技巧并不高明，用同学的话说叫"不能振奋人心"，然而，玛格丽特对此却毫不顾忌。一有演讲的机会，她就滔滔不绝地发言。

有一次，因为大家对玛格丽特的演讲内容都不感兴趣，而且她又讲了很长时间，尽管当时台下不时地传来议论声，但是，这丝毫没有影响她的兴致。

甚至到最后，讽刺、嘲笑随之而起，但这对一向自信、好强的玛格丽特来讲，根本就构不成威胁，她依然镇定自若地演讲着，即使台下所有人都走光了，她仍旧完整地讲完了。

很多同学对她的性格表示不理解，对周边人的议论，她毫不在意，一直保持着独立自信、我行我素的个性。

1974年，玛格丽特·撒切尔成为英国历史上第一位女首相，在处理重大国际、国内问题时，她清晰的思路、鲜明的观点、强硬的态度以及做事果断的风格征服了所有人，最终成为一位声名显赫的政治人物。

| 3 |

在很多的家庭关系当中，孩子表现出一系列的反抗情绪，其实是

他们感觉不到爸妈对自己的信任，因此在做事情的过程中变得十分消极，一遇到挫折最先想到的就是放弃。

爸妈对孩子的信任，是对孩子本身能力的一种认可。只要孩子感觉到了这种信任，就会变得十分自信，从而才能更勇敢地承担自己的责任，才能够坚定地为自己的决定负责到底。

爸妈对孩子的信任，更是支撑孩子独自做事的强大支持力，想到爸妈的信任，他们就算遇到再大的困难，也会坚持去克服和解决。

说"不"是面对别人不合理的要求，或自己不愿意的事说出自己的想法，这是自己做主的体现。

爸妈要有意识地培养孩子敢于对父母说"不"，这就是培养孩子主见的开始。有的时候爸妈还可以故意地做错一些事情，让孩子来指出错误，然后再对孩子的指正给予赞扬。这样能够让孩子明白，自己的思考也是很重要的，权威不一定就是永远正确的，要能够自我评判。

一个有主见的孩子必定是一个自信的孩子，因为在面对事情的时候，他能够更好地把握自己。另外，他也会有责任心和勇气，因为做出了决定，就要有勇气去承担这个决定的后果。

在成人的世界里，也许，成人不得不面对一些"随大流"和"无可奈何"，但是，在教育上，父母却一定要学会去甩手，去"散养"孩子，让孩子有主见，从小给他一个独立的大脑和勇敢的精神财富。

播下种子静待他长成参天大树

播下种子后，

农民伯伯不会梦想它一夜之间开花结果。

精耕细作、顺应自然的生长方式，

最后才能收获累累硕果。

养育孩子的爸妈，

你们经常拔苗助长自己意识到了吗？

| 1 |

甜甜是一个安静的女生，她平时在学校总是认真听讲，努力学习，不过她的成绩总是排在中下游。从小学一直到初中，她几乎都对自己失去了信心。

后来，爸爸发现了她的情绪，没有直接对她的成绩做评价，而是带她去公园散心，而后停下脚步，指着公园里的两排树，一排是白杨树，一排是银杏树，说："那天我听公园管理员说，这两排树是同时种下的，最开始都一样高，而且享受着一样的阳光一样的水土，为什么白杨树比银杏树高那么多呢？"

"为什么呢？白杨树不是本来就该比银杏树高的吗？"

"不是的，没有所谓的应该。"爸爸认真地说，"你要相信，哪怕是每天一点点的进步，慢慢积累，有一天也一定会是丰富的收获。

那一刻，甜甜明白了，看着那一排排的白杨树，坚定地告诉自己，不要放弃，继续努力。到了高二，她的成绩开始飞速进步，从中下游跑到了前几名。高考那一年，她以十分优异的成绩考上了理想的学校。

来自爸爸的一句鼓励让孩子记住了：成功需要一个漫长的过程，并不是一蹴而就即可实现的。珍贵的东西总是经过了漫长而艰辛的成长过程才积累起来的。所以，爸妈不要因为孩子没有取得明显的进步而变得焦躁不安，在孩子没有取得进步的时候，就对孩子不闻不问，总是吝啬自己的鼓励与赞美，只有在孩子取得了很大、很明显的进步之后才说出自己那宝贵的认可与赞扬。这样会使孩子觉得自己平时的努力都是不值得的，会认为爸妈只是在乎自己取得的成绩，而不关心自己的努力与付出。

| 2 |

甩手爸妈非常善于观察孩子取得的那一点点小进步，因为没有这一点点小的进步，孩子的突飞猛进是不可能的。但是孩子的每一点进步都要在正确的方向上发展，既不是在一种不良的方向上的进步，也不是原地打转。这样一点一滴积累的进步才是稳步的。

小华做作业的速度总是很快，他总是想着完成作业就好，也不管是不是正确，所以导致他学习的效率并不高，看着量完成了不少，却没有质的飞跃。

有一天，小华爸爸拿着一个陀螺和一个车轮走到小华的房间里，问："小华，陀螺和车轮有什么共同之处呢？"

"都会旋转。"

"是的。"小华爸爸顿了一会儿，又问，"那你觉得谁的旋转速度更快？"

"当然是陀螺，旋转速度堪称世界第一，一分钟能够旋转几千次。"小华认真地说，"车轮一分钟最多也就几百次吧。"

"你真的这么认为吗？"

"爸爸，你想说什么？"小华充满疑问。

"就旋转的速度而言，你说得很对。陀螺旋转的速度很快，车轮根本没法跟它比，但是你想想，车轮旋转一次，就往前走了一大步，而陀螺呢，旋转几千次，不过原地打转。就像你做作业一样，做得飞快，但并没有什么用。反而是慢慢地往前走，才更好。"

只要有进步，就不怕慢。今天的每一点小进步，都是凝聚自身知识和能力的积累。当有一天，积累的能量足够强大时，自然是昔日的积累所形成的质的飞跃与提高，而绝不是偶然性的幸运。

因此，爸妈要让孩子每天进步一点点，告诉孩子不要因为进步不明显，就抱怨，乃至放弃。我们都要知道"不积跬步，无以至千里；不积小流，无以成江海"的道理，然后告诉孩子，学习是不可以停止的事情，巩固成绩是最重要最基本的事情，不疏忽一点一滴的小进步，这样就可以不断地超越自己。

| 3 |

有一首歌,叫《蜗牛与黄鹂鸟》。通过歌词能够看出,相对于黄鹂,蜗牛无疑是慢的,但是,蜗牛并不因为黄鹂鸟的嘲笑而放弃,也没有因为自己的慢而自卑,而是一路抱着"葡萄成熟我就爬上了"的信念,坚持"一步一步地往上爬",最后终于品尝到了甘甜的葡萄,享受到了丰收的喜悦。

爸妈要意识到自己的孩子可能是黄鹂,也可能是蜗牛,孩子与孩子之间本身就存在着基础、能力和个性的差异,但只要他们都如蜗牛一般,一步一个脚步,不断地积累着进步,最后都能够品尝到成功的喜悦。只要努力,努力,再努力,永不放弃,就一定会取得成功。

去情绪化管教,给孩子更宽松的成长氛围

喜怒哀乐是我们无法回避的情绪,

但和孩子相处时,

暴跳如雷、伤心欲绝等负面情绪请尽量收起。

因为你的情绪失控,

对孩子来说就是一场倾盆大雨。

| 1 |

一位爸爸正在和儿子吃晚饭。小男孩看上去大概三四岁吧，眼神一直盯着餐桌上的玻璃杯，杯子里装的是绿色的果汁。他七倒八歪地坐着，手一直试图去抓着玻璃杯，但小手又抓不到。最后，嘭的一声，玻璃杯摔在了地上，小男孩的身上也被果汁打湿了。

在一旁玩手机的爸爸突然黑了脸，大声呵斥："你干什么呢？让你不要玩不要玩，偏偏要在吃饭的时候玩，你看看你，搞得到处都是。我跟你说过多少次了？你再这样，我就把你给扔了。"说着，爸爸要起身带小男孩去厕所。

结果，谁也没想到的是，这个爸爸起身太着急了，桌布扯着他的裤子把桌子上的餐具，包括盘子、杯子等，全都摔在了地上，发出了一声巨响。餐厅一下安静了，所有人的目光都集中到了爸爸的身上。

爸爸原本就涨红了脸，现在更加愤怒了，指着儿子骂："现在好了，吃什么吃，什么都没有了，高兴了吧？还不快起来，去洗手间。"小男孩被爸爸一只手拽着，拖着去了洗手间，一路上，他"哇哇"大哭的声音响彻餐厅。

等到父子俩收拾好，餐厅已经恢复平静了，破碎的东西已经被收拾干净了，桌布也换了新的，只是在场的人都看得出来，父子俩今天的心情恐怕是再也不能变好了，一顿原本应该其乐融融的晚餐就在一场怒气冲冲和哭哭啼啼的矛盾中消失了。

小男孩只有三四岁，还没有足够的"生活经验"，他并不知道玩玻璃杯的后果竟然是弄翻桌子，什么都摔了，如果他知道这个后果，他肯定不会这么做的。这位爸爸，如果在这个时候，没有大发脾气，而是轻声细语地说:"来,擦干净一点,我们再要一杯果汁吧。不过你要记住,玻璃杯很容易打碎,不能拿来玩,好吗?"也许桌上的东西不会壮烈牺牲,也许孩子不会哭,而是会在心里感激爸爸的温柔,也会懂得不玩玻璃杯的道理。

孩子"搞破坏"这种事数不胜数,很多爸妈遇到这种情况往往会怒不可遏,愤怒地教训孩子一顿。但换个角度想想,这些"事故",也许是一个可以让他变得更好的机会。

| 2 |

很多小朋友很喜欢看动画片,每天盯着电视电脑不停歇,一集跟着一集,完全停不下来。许多爸妈都为此担忧,却又找不到很好的方式引导,反而在关键时候,无法好好控制自己的脾气。

有一个小男孩爱看动画片,几乎每天七八个小时连着看,饭都能不吃。有一天,小区停电,家里就炸开了锅,小男孩的哭声一阵接着一阵,哭着嚷着要看动画片,无论妈妈怎么解释,他都不听,还打滚。妈妈生气了,大发雷霆:"我管不了你了是不是?你没有看到电视的灯不亮了吗?停电了,你懂不懂?不能哭了,你再哭了,就算来电了,我也不让你看。"

小男孩听到这,开始朝他妈妈砸东西,看见什么扔什么,嘴里还叫:"我恨你。"

他妈妈也更生气了:"你恨啊,以后别叫我妈妈。"

与这类母子相似的情况有很多,有很多爸妈明确要求自己的孩子停止哭闹,看似好像是在教育,实质上是一种大人的威胁方式。如果孩子被爸妈的威胁所迫,暂时停止了哭闹,别以为这是成效,这不过是一种屈服——口服心不服。更重要的是，威胁的行为是在压抑孩子的情绪发泄。

很多时候，当孩子情绪激动、反复无常了，就算事先跟自己说要冷静要冷静，但情况一旦出现，很多爸妈都会失去耐心，出现烦躁、发脾气等行为。

教育从不是以暴制暴，教育孩子也不是把他们变成唯命是从的乖小孩。为人父母，在教育孩子时情绪激动，又怎么能让孩子成为一个不乱发脾气的人呢？

| 3 |

甩手爸妈在教育孩子时，会先控制好自己的情绪，不让负面情绪占上风。当熊孩子实在让人恼怒，令人忍无可忍时，好的爸妈会先走到一边默默平息心情，而不是暴跳如雷棍棒相加。爸妈是家庭里最重要的角色，你们既可以使家庭成为一个温暖的、让人乐于回归的所在，也可以使家庭成为一个充满压力和焦虑的地方。

甩手爸妈做得最好的地方，是在每一个微小的细节面前与孩子共同成长、共同进步。他们选择与孩子一起做朋友，并肩前进，而不是做一个冷漠的看客，挑剔的差评师。

"妈宝"泛滥,欢迎你加入甩手爸妈群

"巨婴""妈宝"泛滥的根源在于家庭教育,

无微不至的呵护与关怀,

让孩子们失去了独自奔跑的能力。

是教孩子独立还是不舍得孩子离去,

全在爸妈的一念之间。

| 1 |

听过一则童话故事,说是从前有个木偶剧团,有一天发现一个木偶逃跑了,大家都很着急,就发动所有人出去找,结果有个人领回了一个小孩,说是跟木偶特别像。这个小孩当时在等红绿灯,不过路口的信号灯刚好坏了,红灯一直亮着,绿灯总也不亮,这个小孩就在路口一直站着,不管别人怎么劝都不走,那个人说他以为这么听话的一定是木偶,就抓了回来。

当然,故事始终是故事,是经过艺术创作之后的典型,可是仔细想想，在日常生活中，身边是不是也有很多像故事里的小孩？很多爸妈常常为自己教育出一个听话、遵守纪律、遵循规矩的孩子而骄傲，可有时候那些孩子已不再是孩子，而更像一个"产品"，有着规定的样子，却缺少了个性、灵性、活力。

大多数的教育方式，都是用同样的教学方法，同样的价值评判，去衡量智力、爱好、兴趣和经历迥异的孩子。这种整齐划一的教育方式，并不值得推崇。

不要把孩子教乖了。在传统的学校教育与家庭教育的共同培养之下，不知教出了多少"唯老师命、唯家长命"是从的孩子。这些孩子虽是小小的年纪却已失去了活泼、好动、简单、无忧无虑的天性，在学校里有礼貌，在课堂上守纪律，在家里爸妈不让做的事情一定坚决不会做。他们不淘气、不犯错、很听话、很安静，同时，他们对于事情也没有自己的看法、主见，因为爸妈早已经给孩子制定了"约法三章"，孩子没有选择、没有自由，只有服从。

甩手爸妈给孩子制定的一个最基本的底线是——认真生活不做坏事，然后放手让孩子去决定自己的人生，只是在有必要的时候才去帮孩子。

| 2 |

鲁东是高中一年级的学生，由于刚升入高中，无论是同学之间，还是学生老师之间，彼此都不了解。有的同学在安静地、细心地观察同学们，这样既可以知道哪些人适合做自己的朋友，哪些不可以，也可以了解到同学都是怎样的情况。可以说这些学生都是相当低调的，也许他们明白在一个新的环境下，在竞争如此激烈的时候，最好不要

做出头鸟。

可是,鲁东一向是一个积极向上、主动进取的孩子。

鉴于这样的一种情况,在课间的时候,鲁东到老师的办公室去了。

他对老师说:"我在初中时是班里的班长,在校学生会担任宣传部长,因为大家刚聚在一个班级里,彼此都不熟悉。那我就借现在这样的一个机会,先让大家了解我,然后我再组织一个班会,让全班同学彼此之间都有机会进行一下深入的了解。我并没有多想,比如说我想让大家选我当班长,只是觉得现在班里的氛围太沉闷了……"

鲁东这样的学生就是一个张扬的孩子,他不担心别人会如何想他,也不觉得自己这样做是自大或是骄傲。他只是想将他的热情与自信带给大家,让大家都能更积极、主动地学习与生活。这样的孩子既是家庭中父母身边的开心果,也是班级中同学之间调节关系与氛围的润滑剂。这样的孩子,他的热情与自信会感染许多人。

这样的孩子在很多人眼里是有个性有魅力的,幸运也好像时时围绕在他的身边,他们总能轻而易举地获得令人艳羡的机会和赞扬。

| 3 |

在我国的传统文化中,含蓄、内敛、深藏不露一直以来都是人们所尊崇的。而一个孩子一旦被认为是张扬的,势必就被人理解为骄傲、不谦虚、狂妄自大。

可是现在很多教育专家和甩手爸妈却认为,个性是一种精神,一种信念,是将自己的一腔热情无畏地投入到自己的理想之路的一种美好境界。个性代表着活力,也代表着积极进取,是一个孩子在奋力扬帆，为了一个执着的梦想而不懈地努力。

　　所以，我们总结出，有个性的孩子有积极争取自己渴望的事物的决心与斗志，他们会格外努力，将自己的优势与想法毫无保留地表现出来，这更表现出孩子的一种自信与坚忍不拔的精神。

　　也许以成人的角度来看，父母担心，有个性的孩子长大后，会吃不懂低调的亏，但是，难道就不怕没个性的孩子变成"巨婴""妈宝"吗？

　　临渊羡鱼不如退而结网，该甩手时就要果断放手。培养孩子独立的个性，让他变成一个发光体，这里，聪明的父母，既要跟传统的学校教育和谐统一，又要保持清醒的头脑，为孩子开辟另一块能够施展才华的智慧空间，寻找两者的平衡点。

甩手一点也不难，还能收获更加快乐的孩子

被逼迫做的事没有人喜欢，

可如果是自己真心热爱的事情，

每个人做起来都会乐此不疲。

只要善于引导与发现，

就能轻松甩手做爸妈，

何乐而不为？

| 1 |

我国南北朝时期的科学家祖冲之小时经常受到爸爸的责骂。

祖冲之的爸爸祖朔之是一位小官员,他望子成龙心切,总是希望祖冲之出人头地。祖冲之不到9岁,爸爸就逼迫他去背诵深奥难懂的《论语》。两个月过去了,祖冲之只能背诵十多行,爸爸气得把书摔在地上,怒气冲冲地骂道:"你真是一个大笨蛋啊!"

几天后,爸爸又把祖冲之叫来,对他说:"你要用心读经书,将来就可以做大官;不然,就没有出息。现在,我再教你,你再不努力,就绝不饶你。"

但是,祖冲之却非常不喜欢读经书。他对爸爸说:"这经书我是说什么也不读了。"

爸爸听了祖冲之的话,气得伸手打了他两巴掌。祖冲之就大哭起来。

这时,祖冲之的祖父来了,当他得知事情的经过后,对祖冲之的爸爸说:"如果祖家真是出了笨蛋,你狠狠打他一顿,就会变聪明吗?孩子是打不聪明的,只会越打越笨。"接着,祖父批评祖冲之的爸爸:"经常打孩子,不仅不能起到任何好的作用,而且还会使孩子变得粗野无礼。"

祖朔之无奈地说:"我也是为他好啊!他不读经书,这样下去,有什么出息?"

"经书读得多就有出息,读得少就没有出息?我看不一定吧。有人满肚子经书,只会之乎者也,却什么事也不会做!"祖冲之的祖父批评说。

"他不读经书怎么办？"

"不能硬赶鸭子上架。他读经书笨，说不定干别的事灵巧呢。做大人的，要细心观察孩子的兴趣，加以引导。"

听了祖冲之祖父的话，祖朔之同意不再把祖冲之关在书房里念书，还让祖冲之跟着祖父到建筑工地上去开开眼界，长长见识。

祖冲之不用再读经书了，他感到非常高兴。

有一次，祖冲之问祖父："为什么每月十五的月亮一定会圆呢？"祖父说："月亮运行有它自己的规律，所以有缺有圆！"

看到孙子对天文感兴趣，祖父对祖冲之说："孩子，看来你对经书不感兴趣，对天文却是用心钻研，正好，咱们家里的天文历法书多得很，我找几本你先看一看，不懂的地方就问我。"

就这样，祖冲之的天文兴趣被祖父发现了，爸爸祖朔之也改变了对儿子的看法。从此，爸爸不教祖冲之学习经书，祖冲之对天文历法越来越有兴趣。后来，成为一名科学家。

| 2 |

我国童话大王郑渊洁说："不要在孩子不感兴趣，还没有能力理解的时候，让他做任何不感兴趣的事情。"当孩子做自己感兴趣的事情时，他往往能够全力以赴；相反，如果爸妈要求孩子放弃他极感兴趣的事情，做一些孩子不喜欢做的事情，孩子必然会与爸妈发生冲突。

谢军是享誉世界的国际象棋特级大师，曾获得过多项世界冠军。很多人都羡慕她的辉煌成就，但很少有人知道她之所以能够取得这样的成就，完全是因为爸妈给了她自主选择的机会。

1982年，12岁的谢军小学即将毕业，但她却面临着两难境地：是升重点中学还是学棋。在这个分岔口谢军举棋不定。小学6年中，谢军曾有7个学期被评为三好生，对这样品学兼优的孩子，学校当然要保送她上重点中学。但是，国际象棋的黑白格同样牵引着谢军和她的一家人。在这个节骨眼上，妈妈的一席话给了谢军莫大的勇气，让小小年纪的她学会了自主，学会了对自己负责。

妈妈叫来谢军，用商量的语气说："谢军，抬起头来，看着妈妈的眼睛。你很喜欢下棋，是不是？"这是妈妈对女儿选择道路的提问，从某种意义上讲，也是对女儿将来命运的提问。这个家庭是民主的，对孩子采取了审慎的商量的办法，充分尊重女儿的意见和选择。谢军目光坚毅、严肃地看着妈妈的眼睛，坚定地说出7个字："我还是喜欢学棋。"听到女儿的话后，妈妈同意了她的选择，同时又严肃地说："很好，不过你要记住，下棋这条路是你自己选择的，既然你做出了这个重要的选择，今后你就应该负起一个棋手应有的责任。"

虽然一个12岁的女孩很难懂得和理解这段话，但她却理解了爸妈的良苦用心。正是妈妈的这段话，使谢军受益一辈子。假如当初没有这段话，或者是爸妈包办决定了女儿的前途，都不会有今天的谢军，也不会有中国这位国际象棋"皇后"。

| 3 |

美国教育家斯宾塞曾经说过："身为父母，千万不能太看重孩子的考试分数，而应该注重孩子思维能力、学习方法的培养，尽量留住孩子最宝贵的兴趣与好奇心。绝对不能用考试分数去判断一

个孩子的优劣，更不能让孩子有以此为荣、辱的意识。"

孩子的兴趣是一种非常珍贵的资源。在幼年时期，孩子容易产生非常广泛的兴趣爱好，但是这些兴趣爱好的维持时间较短，经常"三分钟热度"，当新鲜劲过去，或者中途遇到坎坷和挫折，孩子就会退缩，然后放弃，所以保护孩子的兴趣以及鼓励孩子发展兴趣就显得格外重要。

保护孩子的兴趣，是指不以任何形式的不尊重、限制或者否定态度扼杀孩子的兴趣，同时也包括对孩子的兴趣进行任何形式的过度挖掘，这两者都是不负责任的行为。

鼓励孩子发展兴趣，主要是让孩子发现兴趣的快乐，而这种快乐就是维持兴趣的稳定剂。

这两个环节是培养和发展孩子兴趣的金钥匙。不要让孩子在五花八门的兴趣里穿梭，竭泽而渔的方式只会榨干孩子的精力和活力；也不要指望孩子在某个兴趣爱好上成为最厉害的人，兴趣爱好，对孩子来说，重要的是参与过程，和长久的坚持。

快乐成长，给孩子最美好的童年体验

童年时光是不可复制的，

它对孩子一生的影响也是难以磨灭的。

如果孩子在美好的体验中长大，

即使做梦他们的嘴角也是上扬的微笑。

| 1 |

王通出生在东北的小山村，大学考到了北京，工作也留在了北京。有一年夏天，已经成为旅行作家的王通接到一个邀请，去高海拔地区参加一个活动。他让妻子帮忙收拾行李，顺便也装了女儿的衣物。妻子当时就怒了，平时带着女儿出去玩也就算了，但高原气候恶劣，一个小孩子怎么吃得消？

王通振振有词地回应，他说他咨询了医务人员，儿童适应高原地区的能力比成人都要强，年纪越小，适应能力越好。

就这样，王通带着两岁多的娜娜去了海拔四千多米的高原地区。

看到雪山的那一刻，娜娜很兴奋地在后座上手舞足蹈，咿咿呀呀地表达自己的兴奋，王通觉得自己做对了，他前期的准备工作做得非常充分，而且娜娜的身体素质果然也不错，这一次高原之旅很值得。

之后，娜娜出去的步伐一发不可收拾。

"身经百战"的娜娜在和爸爸旅游的过程中，认识了很多朋友，有年纪差不多大的，也有爷爷奶奶辈分的，他们都能很快地打成一片。娜娜完全不害怕，反而落落大方，为人处世都很利索，也很友好。妻子也不禁跟王通感慨：旅行这件事好像真的把娜娜变成了一个很不一样的小孩。

其实，在娜娜的眼里，她并不知道爸爸每一次带出去旅行的意义，她只知道，这个过程很好玩，她很喜欢；然而在不知不觉中，旅行成了生动的教育课堂，她在其中学会了勇敢，学会了坚强，也学到了世间的善良。

娜娜在一天天地长大，成绩不错，爱好广泛，她对新事物都抱有很大的新鲜感和好奇心，同时也能把自己的爱好坚持下去，不仅会绘画、书法，也会马术、滑冰、跳舞、钢琴等，而且还能自己为一场旅行做准备，简直"十项全能"。王通骄傲地对妻子说："看，野蛮生长，多好啊。"

| 2 |

随着经济水平的提高，科学技术的进步，现在的孩子几乎每天都处在网络世界中，最喜欢的玩具是各种电子产品，比如电脑、智能手机、iPad等。有时候这也不能怪孩子沉迷，很多爸妈也沉浸其中，而且常常拿这些去哄孩子而获得一时解脱，于是，小孩越来越依赖网络，一天不看手机都不行，而与人、与社会、与自然的接触越来越少。

再加上，当下的应试教育，不断剥夺了孩子接触自然的自由。在家里,被爸爸、妈妈、爷爷和奶奶"圈养"着;在学校,被高考指挥棒指挥着,尽管生活状态非常优越,尽管家人和老师百般呵护,但孩子们并不自由,封闭的空间,缺少玩伴,缺少交流,渐渐会变得烦躁、封闭、孤僻、脆弱,长此以往的消极氛围,可能会导致不同程度的心理疾患。

这两种情况,正在一步步剥夺孩子对蓝天白云的喜欢,也剥夺了孩子与自然亲近的天性,违背了其健康成长的规律。

|3|

没错,很多爸妈担心如果对孩子进行"放养",会遇到各种困难和挑战,但是,增加户外活动、到大自然中去是孩子健康成长所必需的。无论时代怎样变迁,无论有多少困难和障碍,都应通过旅行、社会实践让孩子接近自然,拥抱自然。

大自然是一本活生生的百科全书,一年四季都有不同的风采,春季五彩缤纷,夏季枝繁叶茂,秋季凉风习习,冬季白雪皑皑。这些变化中,孩子不仅可以看到自然的规律,也能领略到生命的真谛。这些,在教室里,在高楼大厦里,是他们永远都无法观察到的。

| 第三章 |

甩手爸妈，与孩子一起面对挫折

坦然面对失败,挫折教育让孩子更健康

不经历风雨哪能见彩虹,

不能承受挫折的孩子只能成为温室的花朵。

甩手爸妈,

更放心让孩子面对失败,

因为我们都明白,

千锤百炼出真金。

| 1 |

著名作家刘瑜在给女儿的信里这样写道:"没有几个汉语词汇比'望子成龙'更令我不安,事实上这四个字简直令我感到愤怒,有本事你自己'成龙'好了,为什么要望子成龙?如果汉语里有个成语叫'望爸成龙'或者'望妈成龙',当父母的会不会觉得很无礼?"

的确,望子成龙成了当下很多父母的殷切期望,并且孜孜不倦地去实现。

记得有一次在学校观看一场学生的才艺表演比赛，舞台上有个小女孩，表演得很用心，但是高手如云，她不幸被淘汰出局了。当主持人说出这个结果时，小女孩当场就哭了，哭得特别大声，主持人一直在安慰她，但是她一直哭，最后被工作人员抱下台了。

在后台的时候，小女孩低着头，面前站着情绪激动的年轻妈妈，手指着小女孩的额头，大声呵斥。看着小女孩的眼泪"吧嗒吧嗒"地掉在地上，再看看年轻妈妈生气、失望的表情，听着她责怪女儿演出不成功，指责女儿哭得没面子……

其实，望子成龙的想法值得理解，可是如果把全部的心思都放在孩子身上，可想而知会对孩子造成多大的压力呀，但凡有一点风吹草动，比如成绩退步了一点，或者比邻居家的小孩低了几分，或者参加重大比赛了，爸妈就十分紧张，一直对着孩子"念经"。这种心情可以理解，但对孩子而言却是有百害而无一利的。

失败是每个人的权利，尤其是对于还处在摸索阶段的孩子而言，没有足够的生活经验和阅历，他有很多机会去试错，而且没有谁能做到事事成功，都需要一个过程去积累去突破。

| 2 |

米朵是三年级的学生，她不仅漂亮，学习也很好，每次考试都是全年级的前三名。一次，老师告诉米朵区里要进行各校之间的比赛，学校选派她去参加。

米朵很兴奋但也有点紧张，老师和爸爸妈妈都鼓励她，说只要发挥正常，拿名次没有问题。

考试那天，米朵看到操场上站满了各个学校的老师、领导还有家长,他们不停地给即将参加比赛的孩子说着要求。她一下子就紧张起来了,汗也出来了,感觉身体都在发抖。结果在考试比赛中,米朵发挥失常了,不但没有拿到名次,还被远远地甩到了50名之后。她哭得很伤心,甚至不敢去上学。

爸爸领着米朵去郊外散心,路上给她讲了许多科学家、残疾人面对失败和挑战自强不息的故事,鼓励米朵向他们学习,相信自己。爸爸告诉她,在人生成长的道路上,失败是很正常的,没有人不经过失败而百战百胜,关键是有智慧的人会利用失败,接受挑战,迎来下一次的成功。

很快,米朵就从这次失败中站了起来,不再计较一两次的考试失利,在后来的升学考试中,终于以第一名的成绩考入了自己理想的学校。

许多爸妈望子成龙,只允许自己的孩子成功,而不允许失败,是因为他们知道失败是痛苦的,是令人难过的,但他们却忽略了其实失败是有价值和意义的, 失败带来的教训会引导孩子越走越好的,所以,允许孩子失败,尊重孩子失败的权利,这也是信任孩子会取得成功,而这种信任,恰恰能够带给孩子战胜失败的勇气。

当孩子失败了,他本身已经很沮丧了,如果这时候再受到批评,不仅会让孩子更加伤心,自暴自弃,甚者可能会引发孩子的叛逆心理,产生反抗情绪。

当孩子为自己的失败而难过时,不要火上浇油地指责,也不要表现你的怜悯之心,唉声叹气,而是应该让孩子明白:一时的失败没关系,也没什么大不了的,要从失败中吸取教训,得到经验,再继续努力。

生活中, 爸妈可以适当地和孩子谈论自己事业及家庭生活中遇到的挫折和不如意,让孩子逐渐地对挫折有一个全面的认识,为孩子正确对待各种挫折树立榜样。这样一来,爸妈对生活的热爱、执着、不怕困难的态度和坚强的意志，将会成为孩子面对挫折时最强有力的精神支柱。

| 3 |

其实，谁在受到挫折的时候没有一颗玻璃心呢？在孩子失败时，爸妈要鼓励孩子，鼓励他们从失败中吸取教训，让孩子在失败中得到锻炼，并获得自信和勇气。

其实，又有哪个做爸妈的没有经历过磕磕绊绊呢？拿出同理心，把失败的权利还给孩子，告诉孩子：你可以失败。每个人都会失败，失败不可耻，也不可怕，最可怕的是失败了却不敢面对，以及失败了却不去改变。

面对孩子要干脆利落不娇惯

没有人不爱孩子，

爱的表达方式也有很多种，

有的爸妈把孩子护在羽翼之下，

不让他遭受一点风吹雨打。

甩手爸妈选择让孩子迎接挑战，

在风雨中尽情翱翔。

| 1 |

科学家做过一个跳蚤实验：他们把一只跳蚤放进一个玻璃杯里，跳蚤轻易地跳了出来。再重复几遍，结果仍然相同，原来跳蚤跳的高度一般可达它身体长度的40倍左右。接下来实验者在杯上加一个玻璃盖，跳蚤重重地撞在玻璃盖上。跳蚤十分困惑，但是它没有停下来，因为跳蚤的生活方式就是"跳"。经历一次次被撞后，跳蚤变得聪明起来，它根据盖子的高度开始调整自己跳的高度。再过一阵子后，这只跳蚤再也没有撞击到这个盖子，而是在盖子下面自由地跳动。

一天后，实验者轻轻地拿掉玻璃盖，跳蚤仍然在原来的这个高度继续跳。三天以后，实验者发现这只跳蚤还在那里跳。一周以后，这只跳蚤还在玻璃杯里不停地跳着，其实它已经无法跳出这个玻璃杯了。是跳蚤真的不能跳出这个杯子吗？绝对不是。只是它的心里面已经默认了：这个杯子的高度是自己无法逾越的。

当下，大多数家庭都只有一个小孩，个个都是"小王子""小公主"，家中的所有人都围着一个人转，恨不得天天捧在手里含在嘴里，生怕摔了跌了。孩子遇到了一点挫折，爸妈就冲上去帮忙，帮孩子清除了障碍，这不是一种帮助，而是一种"侵害"，会让孩子对自己失去信心。

"不经历风雨，怎能见彩虹"，与其试图为孩子遮风挡雨，还不如让他们从小就接受暴风雨的洗礼，让他们学会跌倒后自己爬起来。

温室的花朵，在暴风雨面前，容易枯萎；一个娇生惯养的孩子，在坎坷面前，也容易跌倒，从此一蹶不振。而人生，处处都是暴风雨和坎坷，如果要生存，就必须同暴风雨抗争，同坎坷斗争，才能够成为自己命运的主宰者。

| 2 |

宋嘉树，字耀如，原籍海南岛文昌县。他创办了华美印书馆，协办了中国基督教青年会，参加了孙中山领导的同盟会。

1887年，宋耀如与倪桂珍结婚，育有三女三子，他们便是闻名中外的宋霭龄、宋庆龄、宋美龄三姐妹和宋子文、宋子良、宋子安三兄弟。宋家的孩子在蹒跚学步时，宋耀如就鼓励他们："一步两步三步，好！跌倒了别哭，自己爬起来再走，好！一二一，一二一……"孩子们果然不哭，跌倒了爬起来继续走。朋友们以为他与孩子们开玩笑，宋耀如却说："这不是开玩笑，这是人生之路的第一步，将来在社会上闯，全靠这第一步呀！"

孩子们渐渐长大。有一天风雨交加，宋耀如特地选择这种情况，带着霭龄、庆龄、子文等人去龙华。他没有让孩子们参观龙华古刹，却让他们丢掉手中的雨伞，站在古塔下淋雨。宋耀如指着高高耸立的龙华塔对孩子们说："你们看这座塔，千余年来不怕风雨，为什么？因为它基础牢固，骨架紧密。你们将来投身革命，就要从小打基础，练骨架。现在让我们一起开始比赛，围绕宝塔跑六圈，六六大顺！"宋耀如带头跑起来，孩子们紧紧跟在父亲身后，哪个孩子不小心在泥泞中跌倒，都会迅速地爬起来再跑，无一肯落后。

宋耀如夫妇同所有爸妈一样爱孩子，但他们更觉得要为孩子的将来着想,因此他们不想把孩子们当作珍珠玛瑙那样地去爱。玉器是细琢出来的,才干是苦练出来的。他们主张培养孩子的自立自强精神。后来,宋氏家族兄弟姐妹果然对中国的近代史产生了深远的影响。

| 3 |

马克思说:"人要学会走路,也得学会摔跤,而且只有经过摔跤,他才能学会走路。"所以每位爸妈都应告诉孩子:"无论何时,跌倒了要自己爬起来。"

成长的道路上,大人都会摔倒,更何况小孩呢!摔倒了没关系,要自己爬起来,这样才能站得更稳走得更远。如果看到孩子一遇到困难,就忍不住上前帮忙,解救其于水火之中,或许能解救一时,却不能解救一世,反而会让孩子失去对自己能够解决问题的自信,失去独立解决问题的能力,也不能够掌握解决问题的方法。

古语常说:"天将降大任于斯人也,必先苦其心志,劳其筋骨,饿其体肤,空乏其身,行拂乱其所为,所以动心忍性,曾益其所不能。"在成长的道路上,只有学会如何克服一次次的困难,才能够学会坚强,而只有坚强了,才能更有信心地继续前进。

应对挫折的正确方法你掌握了吗

每个人的一生中都会遇到来自各方面的挫折。

强者勇敢直面人生的挫折，

把挫折当成垫脚石，

使自己站得更高，

看得更远；

而弱者遇到挫折就退缩不前，

一蹶不振。

| 1 |

小伟向父亲抱怨学校中的种种不顺心的事情：成绩一直提不上去，被老师批评了；跟同学关系处得不好，相互之间闹矛盾了；自己不小心，把生活费弄丢了……

父亲耐心地听完了小伟的话，什么安慰的话也没有说，而是起身去了厨房，小伟心中郁闷，但也跟了进去，只见父亲拿了两口锅，锅里都放了水,开火烧,等水开了,父亲分别在两口锅里放了胡萝卜、鸡蛋,一言不发地煮着。

小伟心里很生气,他觉得自己好不容易把心里话说给父亲听,却得不到任何回应。他东张西望着,显得不耐烦。过了十分钟,父亲关了火,又分别把锅里的东西放在碗里,端到小伟的面前,问:"你看到了什么?"

"胡萝卜、鸡蛋。"小伟没声好气地回答。

"你走近一点看,用手摸摸。"父亲要求。

小伟上前,先摸了摸胡萝卜,已经变软了;接着摸了摸鸡蛋,使劲对着桌子敲了敲,鸡蛋已经变硬了。

"你感觉到了什么?"父亲又问。

小伟纳闷地摇摇头,他不知道父亲想表达什么,父亲突然笑了,迎上小伟充满疑惑的眼神,说:"放在同样的锅里,面临着同样的沸水,但是这两样东西的反应却完全不一样。胡萝卜本来是坚硬的,可是经过沸水一煮,它变软了;鸡蛋本来易碎,但经过沸水一煮,液体凝固,变得坚硬了。"

父亲接着说:"你要知道,人和这两样东西一样,在面对困难和挫折时,有的人选择了妥协,也有的人选择了坚强。"

| 2 |

是啊,面对挫折,应该让孩子做何选择呢?其实,正确的态度应该是咖啡豆的态度,即积极面对挫折,将挫折变为自己成长的养料,促进自己的成长。就如同珍珠贝将落入体内的沙子变成珍珠一样,这样才是面对挫折时的正确态度。

人的漫长一生，不可能顺遂地度过，总会遇到困难和挫折。只是，有的人在面对困难和挫折时，选择迎难而上，选择奋斗，即使失败了，也依旧坚强，从失败中吸取经验和教训，从而辅助自己更好地往前走，从而成了一个强者；而有的人，一遇到挫折，就立马想要逃避、绕行，甚至变得颓废，十分消极，以至于最后在为人处世上失败，从此成了一个弱者。

许多爸妈想要帮助孩子消除挫折，希望帮助孩子铺就一条平坦的大路，只是爸妈不可能呵护孩子一辈子，孩子终要学着自己长大，学会独立面对现实。只有在挫折中得到磨炼，吸取经验教训，才能在以后的道路上自我调适，更好地提升自己。

坦然面对客观存在的挫折，接受挫折带来的失败，才能够在成长的过程中具备健康的心态，积累足够的精神财富，走得更远更好更踏实。

| 3 |

其实，顺遂的生活并不存在，谁都不能拥有一帆风顺的人生，况且，没有挫折的人生何来精彩呢？而人这一生遇到的挫折当中，有小一部分是客观存在的，而有很大一部分是自己制造的，是能通过自己的努力消除的。

作为甩手爸妈，首先要让孩子自小去经历挫折，并且学会独自面对挫折，让孩子具备勇于接受挑战和面对挫折的心态，在战胜困难的过程中，认真体验，吸取经验教训，提高抵抗挫折的能力，增强应对困难的能力，从而变得更坚强更能干。

作为甩手爸妈，还要帮助孩子树立正确的挫折观。挫折本身并不可怕，相反，挫折是人类的亲密朋友，没有人可以逃避，也没有人可以不经历；随时做好应对挫折的两手准备，减轻失败带来的精神压力；在挫折面前要保持豁达开朗的心态，吸取教训从头再来。

作为甩手爸妈，要协同孩子一起找到挫折出现的原因，以及克服挫折的方法。

石头下的小草，越重压越顽强

苦难是人生中最重要的财富，

面对苦难，

不仅仅需要坚强的意志，

更需要展望未来的坚定信念。

面对贫穷、战争、疾病、天灾……

爸妈能教给孩子的，就是积极面对。

| 1 |

有这样一个曾经在美国西雅图景岭学校上小学的小男孩，他做

功课时总是精力很集中，所以每次他都比别人先做完。当这个小男孩上到四年级的时候，他的老师把他介绍到学校图书馆帮忙。

学校图书馆的卡菲尔管理员把杜威的"十进分类法"讲给小男孩听，然后给他一沓卡片——都是逾期未还的书。事实上，这些所谓"逾期未还的书"大部分早已归还，但却归错了位。卡菲尔要小男孩找出归错位的书，并把书卡各就各位。

接受任务后，小男孩开始不遗余力地工作。整整一个上午，他都在书林中忙碌。小休时间到了，他才找到三本夹错书卡的书。老师叫他出去呼吸一下新鲜空气，他却说要把工作做完。

第二天，他就完成了全部找书的工作，比预期的时间提前了很多，这个小男孩的勤快和做事的决心，让卡菲尔当即答应了他正式担任图书馆管理员的请求。

两三个星期过后，一天，卡菲尔应邀去小男孩家吃晚饭。因为小男孩全家将要搬到毗邻的校区去。小男孩的母亲说她儿子最伤心的是照顾不到景岭图书馆了。

在卡菲尔眼里，那个小男孩对待工作的热情与众不同。卡菲尔因此记挂着他。

小男孩走后两三天，突然又出现在景岭学校的门口。原来，小男孩为了能继续做图书馆的工作，又转学回来了。小男孩对卡菲尔说："爸爸上班时顺便送我到学校。要是他不能带我，我就走路过来！"

小男孩做事的决心和毅力让卡菲尔一震。

这个小男孩就是比尔·盖茨。他后来凭借坚强的意志撑起了一个庞大的微软帝国。

任何成功都不是一蹴而就的，都必须经过当事人千辛万苦的努力,历经许多次失败,总结许多次的经验教训后才能获得。在这个曲折的过程中,男孩是否具有坚强的意志,将直接决定最后的成败。

| 2 |

有一个学生,母亲在他十岁那年因病过世,父亲是长途汽车司机,经常不着家,少年的日常生活必须由自己照料,洗衣、做饭,一个人睡觉,一个人上学,自己照顾自己。

磨难不止于此,在他十七岁那一年,父亲因为疲劳驾驶在车祸中去世,少年因此没有读高中,而是打工独立养活自己,但,一场工程事故带走了他的左腿。

这一次,他终于不再沉默了,面对去看望他的一位老师,他大哭大喊,责问:"命运为什么对我这么不公平?"

老师静静地听完,问:"的确,你遭受了很多的不公平。那么,你为什么还活着呢?"

听了老师的话,少年更气了,全身颤抖地说:"难道你们都希望看我一死了之?我偏偏不!我经历了这么多,现在没有什么能让我害怕的了!我偏要活着!"

老师欣慰地笑了:"你终于明白了吧,你并不是最不幸的,你已经拥有了最幸运的东西,那就是坚强!"

多年后,这位学生成了他们省杰出的水产养殖企业家。

| 3 |

一位哲人讲过这样一段话:没有人能够永远快乐幸福地度过每

一天；不是所有的人都能坦然地面对坚强和软弱。让我们成熟的，是经历，是磨难；让我们成功的，是坚定，是顽强；让我们幸福的，是追求，是执着。

在竞争越来越激烈的现代社会当中，没有谁能够躲避挫折和困难，强大的人，通过自己的坚强与努力克服困难，迎难而上，最终抵达成功的终点，而弱小的人，知难而退，最终碌碌无为。

坚强的意志力是必不可少的品质，对于孩子而言，要从小不畏惧挫折和失败，勇敢地迎接挑战，克服困难，成为一个真正的强者。

舍得放手，不把孩子当成弱者

巧妙地放手是一种智慧，

是对孩子无声的信任，

也是让孩子成长为强者的最快方法。

更棒更好的孩子，

需要更自由的成长空间。

| 1 |

孩子们其实都有很好的自我保护意识。研究证明,孩子还是一个胎儿的时候,就已经有了各种能力,一出生便有了各种潜能,有着惊人的适应能力,他们并不是你想象的那么弱不禁风,那么不知深浅。在孩子的成长过程中,放手让孩子成长固然不容易,但只要给孩子成长的空间,孩子往往比大人想象的勇敢和有能力,他们完全可以照顾好自己,成长得更快更好。

俗话说:"望子成龙,望女成凤。"许多爸妈以对孩子好的心理为孩子准备好一切。然而家长们的这些一厢情愿的好心真的就能更好地帮助孩子成长吗?答案是否定的,而且他们的好心还很有可能让孩子养成不好的习惯。爸妈无微不至的关心会使孩子娇生惯养,形成依赖心理,还有可能会让孩子有一种畏惧心理——不敢接受新鲜的事物,见到陌生的事物就躲避,在困难时只会渴望别人的帮助而没有勇气自己走出困境。

爸妈对孩子最大的爱不是事事顺从呵护,而是教会孩子坚强,让孩子勇敢地面对困难和挫折。

| 2 |

俗话说:"初生牛犊不怕虎。""最不怕虎"的是一个小姑娘,才刚刚满十岁,才刚刚上小学四年级,就已经跟着爸爸走遍了大半个中国。

在爸妈的支持下,小姑娘很小就开始了走南闯北的道路,同时她也给自己定了一个计划，希望在小学毕业之前走完中国大陆的所有省（直辖市、自治区），实现"读万卷书，行万里路，交万名友"的非凡理想。

就这样，利用每一年中的周末和假期，小姑娘在五年内就完成了计划，和爸爸一起走过了中国200多个地方，有富裕的大城市，如上海、重庆、广州、哈尔滨等；也有较贫困的地区，如湖北大别山上的罗田县、青海的湟中县、宁夏的同心县；有革命圣地，如延安、井冈山等；也有地形地貌十分独特的边陲要塞，如东北的大小兴安岭、东海上的舟山群岛、西藏、新疆、海南岛等，行程长达30万公里，交了数百名朋友，写下十几万字的随行日记。

每到一个地方，小姑娘就深入当地，与当地人同吃同住，感受不同的风土人情，结交不同的朋友。

｜3｜

小姑娘的爸爸谈起对孩子的支持，他希望他自己的孩子通过这种行走的方式接触并认识一个真实的社会，因为社会的真实的一面，"道听途说"或"以讹传讹"，根本靠不住，最终还是要靠自己走南闯北地去感受去见证，才能够获得正确认识，而不是走马观花匆匆一眼。

在父亲的引导下，小姑娘自小阅读各种书籍，文学、历史、科学、哲学、艺术、政治、社会、军事、经济等各个方面都有涉猎，甚至还包括英文书籍，也能毫无障碍地阅读。有些书籍，小姑娘会阅读好几遍，并且做好读书笔记。

书看得多了，小姑娘就开始对外面的世界产生很大的兴趣，想出去亲自领略一番的念头就越来越强烈，于是她走出去了。在行走的过程中,她积累了很多的人文知识,随着思想的不断深入,她感觉到了自己的渺小,于是希望通过不断的努力来变得强大。

于是,小姑娘边走边写,边走边交朋友,而在每一段旅行结束后,她会把自己写的文字整理出来投稿发表,用获得的稿费去资助一些需要帮助的人。

甩手爸妈们的楷模在前,我们还有什么理由选择不放手,还有什么理由去阻碍孩子的成长与进步呢?世界那么大,孩子必须用自己的方式去亲身体验一番,才能得到宝贵的心得体会,爸妈的经验再多再好,也无法代替孩子去生活。

宽严有度,不做"虎妈""狼爸"

棍棒底下出孝子,
严师手下出高徒,
又打又骂的时代早已经过去了。
让孩子快乐成长,
甩手爸妈更容易养出阳光小天使。

| 1 |

经常在网络上看到这样的新闻，某学校的老师报警，说考试过后某某学校的一名学生突然失踪，老师和家长问遍了亲戚、朋友和同学，都没有音讯。最后，警察找到学生，问了原因，才知道大多数是因为学习成绩不好。曾经有个被找到的孩子说："这一次考试只有92分，爸爸曾经说过拿不到95分要打断我的腿，我不敢回去了。"

事后，警察和老师也多半会与家长进行交涉，但许多家长不以为然，比如那个考92分孩子的父亲就说："只是吓吓他啊！哪里会真的打断腿？自己生的孩子嘛！他也太笨了！"

这也反映出当下的很多父母都采取狼爸虎妈式的教育方式，"打"是普遍的体罚方式，让孩子懂得屈服，但他们不知道的是这种本质上利用暴力强迫孩子服从命令和意志的方式，实际上是一种"奴性教育"，只会把孩子培养成一个没有独立思想甚至性格扭曲的人。

曾有媒体报道，因为孩子打伤同学没钱赔，一位"虎妈"就要他在大半夜全身赤裸地跪在地上乞讨，乞讨到了足够的赔偿费用才能回家。

这样的方式更是一种极端性的教育。

不知道这名母亲身上应该具有的那份慈爱去哪里了？她是否知道这种行为已经伤害了儿子的心灵？是否知道这样的行为其实已经受到很多人的指责？

每个妈妈都希望自己的孩子能够发展得更好，拥有正确的价值观和人生观，媒体报道中的这位妈妈的本义其实也是为了儿子好，但却选择了一种偏激的方式——全裸跪地乞讨，不仅让孩子丢了脸面，也丢了自尊,会对孩子幼小的心灵造成永远的伤害。在这种教育方式下的孩子,长大后心中容易留下一道疤痕,极端暴怒又或者极度自卑。

关心孩子的方式有很多,培养孩子的方式也有很多,不要选择偏激的方式,让孩子产生对妈妈的"恨意"。希望自己的孩子早日成才,出人头地,不必像自己一样,活得过于疲惫,这样的初心是好的,但"狼爸虎妈"的教育方式,要不得!

| 2 |

根据专家对国内外的家庭教育进行研究后发现,孩子成才率最高的家庭是权威民主型的家庭,而不是专制家庭。而在权威民主型家庭中的一个通行理念是,在十岁之前,每个孩子要完成道德智能的教育,而核心就是明辨是非。

在十岁之前,其实分为三个阶段。

第一个阶段是一岁之前,爸妈要给孩子无条件的爱,让孩子感受到安全感和幸福感;第二个阶段是两岁到四岁,爸妈要敢于对孩子说不,让孩子懂得是非对错;第三个阶段是五岁到十岁,爸妈要进一步培养孩子良好的道德习惯,这个阶段是最重要的,也是最基础的。

而十岁之后,爸妈要尊重孩子,与孩子进行平等对话,听取孩子的想法,不能以强制的方式达到服从的目的。

| 3 |

有一次,孔子带领他的弟子们到鲁国参观学习,看到了一种专门

对人示警的特殊器皿——欹器。孔子认为这是教育学生的一个良机，于是便让学生分别向里面注水。

结果发现，当欹器没注水时是倾斜的，注满水后却翻了过来而盛不住一点水，只有当注水到一半时它才能垂直竖立。据此，孔子总结出了"适度"的道理：不管做什么事情，都能够坚持适度原则的人，才是真正聪明、能够避免挫折和失败的人。

这种现象，被心理学家称为"适度法则"，正如故事中展示的那样，要想让欹器竖立起来，里面的水不能多也不能少，必须是刚刚好的。不过，在家庭教育中，很多父母并不懂这个道理，所以我们经常看到两种类型的家教，一种是放纵型，十分疼爱孩子，孩子想要什么给什么，孩子想怎么样就怎么样；另一种是苛刻型，对孩子十分苛刻，经常对孩子说的话就是"不行""不准"，这也不行那也不准。

儿童教育专家指出，这两种类型的教育，都不好，家庭教育也要贯彻心理学家的"适度法则"，否则，对孩子的成长非常不利。

最科学的教育方式是权威、民主的教育，也就是一方面以身作则严格要求自己，树立属于家长的权威；另一方面要给孩子足够的理解、尊重和自由。很多爸妈认为，对孩子严格就没有办法给自由，这是一种错误的认知。

对孩子要求严格跟自由完全不矛盾，要知道，权威不是专制，民主不是溺爱。举个简单的例子，要求孩子不能撒谎，不能欺负同学，玩网络游戏要适度，这些都是严格的要求，这些严格的要求并不会让孩子觉得反感，而是提供了一种安全感。在这种前提下，孩子依旧能够拥有自由，能够和同学一起玩，能够选择自己喜欢做的事情。

这就叫宽严有度。

用乐观的心态面对挫折与失败

乐观不但是迷人的性格特征，

还有更神奇的功能，

它能使人对生活中的许多困难产生心理免疫。

甩手爸妈做的最棒的事，

就是教会孩子乐观看世界。

| 1 |

帕科今年6岁，刚上小学一年级。有一天，帕科因为一点小矛盾与同学打架了，老师批评了他。帕科一气之下就从学校跑回家，告诉妈妈老师批评了自己，自己不想去上学了。无论妈妈怎么劝说，帕科就是不愿意再踏进学校一步。帕科的妈妈此时才意识到，一直宠着孩子是个错误。

原来，帕科之所以受不了老师的批评，是因为在家里他一直是个宝贝，妈妈没有责备过他，爷爷奶奶都顺着他，外公外婆总护着他。在家里从未遭受过责难的帕科，对老师的批评难以接受，他感到十分委屈，因此拒绝再去上学。

心理承受能力是一个人从挫折中恢复愉快心情的心理素质。心理承受能力的高低，对一个人的工作和生活都会产生或多或少的影响。

任何一个人，只要参与社会活动，或者说只要活在这个世界上，都会遇到很多困难，遭遇到很多挫折。心理承受能力强的人，面对困难和挫折，会保持乐观，寻找解决和战胜困难的方式，一步步走向成功；而心理承受能力差的人，可能就会像例子中的帕科一样，不过是受了老师的几句批评，就开始逃避问题。逃避根本解决不了任何问题，悲观地逃避问题，只会导致一事无成。

| 2 |

有个名叫王兴邦的孩子，经常考第一名。不管是什么样的考试，他几乎都能拿第一。第一名就是他的代名词，因此，大家都称他是"考不倒的第一名"。

可是，王兴邦真的是考不倒吗？在小学升初中的考试中，王兴邦考砸了，别说是重点中学，连二级以上的中学都考不上。他伤心地哭了，他躺在床上想：完了，这下全完了。

这时候，爸爸对他说："谁能保证人生道路上就没有挫折！挫折只是考验，失败更能磨炼人的意志，你要用乐观的心态去面对它，才能战胜挫折和失败。"

听了爸爸的话，他想到了自己曾经在日记里写了这样一段话：在生活中，有许多的小失败和小挫折，但是，只要我们能快乐地生活，乐观地面对一切失败和挫折，那我们就是生活的强者。

王兴邦从此发奋学习,为自己制定了学习时间表,合理安排好自己的时间:每天5点30起床,跑步,读英语,背课文;放学后,看完笔记再做作业;晚饭后,复习、预习。这样,他的每科成绩都提高得很快,成绩都是名列前茅。上到初二时,校长还破例批准他直接升入高中;高中毕业,王兴邦考取了重点大学。

爸妈要想培养孩子良好的心理承受能力,首先需要明白良好的心理承受能力并不是与生俱来的,它要经过后天的培养、磨炼等,才能慢慢形成,其次要从孩子小时候就开始放手让他们去独立做事,去面对问题,去解决问题,只有在打击中慢慢成长,心理承受能力才能变得更好,才能在下一次遇到困难的时候不悲观,不逃避,以乐观的心态积极面对,想出战胜的办法。

| 3 |

像帕科那样的孩子其实有很多,他们在生活中会遇到各种问题,考试不及格,竞赛不入围,升不了重点中学,和同学、老师关系不好等等,这些都会给孩子造成心理压力,只有具备了良好的心理承受能力,才能够克服困难。

作为爸妈,当看到孩子遇到了挫折,要给予及时的帮助。不是帮孩子解决掉挫折,而是认真地与孩子进行平等的交谈,排解孩子的心理压力,也就是心中的疙瘩。帮孩子分析遇到的问题,鼓励孩子勇敢地面对困难,在遇到挫折时要坚强要自信,使孩子拥有正面的心态,才能防止孩子变得自卑,才能让孩子树立自信心。

作为爸妈,还要开导和启发孩子往事情有利的方面去思考,提高孩子的心理承受能力。

| 第四章 |

甩手爸妈，果断扔掉"包办"帽子

警惕：爸妈不是孩子的保姆

溺爱不是爱，

而是一种伤害。

很多爸妈在不知不觉中将孩子溺爱成伤，

却总将不成才不成器的责任都推给孩子，

可爱的孩子们又该去埋怨谁呢？

| 1 |

苍天上的老鹰，特别注重小鹰的飞翔能力，但是他们教小鹰飞翔的办法很"冷血"，第一次教的时候是把小鹰带到一个不算太高的悬崖边，把它踹出去；第二次教的时候是把小鹰带到一个稍高的悬崖边，把它踹出去……悬崖逐渐增高，直到小鹰能够在高空中自由地飞翔。

草原上的狮子，特别注重小狮子的狩猎能力，因为只有狩猎，才能活下去，但母狮子培养小狮子的方式也很"冷血"，先是把小狮子带到小动物出没的地方，发现猎物后，便上前追赶。如果小狮子两手空空地回来，就算它已经精疲力竭了，母狮子也会毫不留情地上前"抓咬"小狮子，逼得他再去捕捉小动物，直到捕捉到为止。

草原上的羚羊，特别注重小羚羊的奔跑能力，因为它们知道，当敌人来的时候，它除了飞快地逃走以外，没有别的办法和对方较量。如果小羚羊不能练就一身善跑的能力，就必然会成为食肉动物的美餐。

小鹰是被老鹰踹下悬崖才学会飞翔的，小狮子是被母狮子赶着追着才学会捕猎的，小羚羊是被羚羊妈妈督促着才学会奔跑的。在动物世界里，不论是天上飞的、地上跑的，还是水里游的，不论是吃肉的，还是吃草的，生存能力都是最被重视的能力，因为只有生存了，才能够繁衍后代。

动物尚且如此，我们人类呢？我们对待孩子太"仁慈"了，几乎"仁慈"得让孩子丧失了生存能力。

| 2 |

著名的诗人汪国真曾经说过："怕只怕，爱也是一种伤害。"

蝴蝶在变成蝴蝶之前，必须在蛹中痛苦挣扎，如果因为不忍心看着它痛苦而剪开蛹壳，这看上去是一种帮助，却不曾想，剪蛹而出的蝴蝶双翅干瘪，身躯臃肿，不仅飞不起来，而且很快就死了。

只有经历过在蛹壳中的痛苦挣扎，翅膀才能够变得强壮，才能破蛹高飞。不适合的"帮助"，或者说不恰当的"爱"，反而葬送了它。动物如此，孩子何尝不是这样呢？

家长对孩子的溺爱，就像剪开蛹的剪刀，把孩子扼杀在了温室里，使他们永远无法成长。而这样的例子，历史上有很多。语文课文《伤仲永》中，5岁能作诗的仲永智慧超群，却在父母以及众人的赞扬与宠爱下"泯然众人矣"；晋武帝纵宠儿子，任其享受，而后儿子继位，治国无方，西晋王朝最终走向灭亡……

看，无论是仲永的"伤"，还是西晋王朝的"衰"，都是父母对孩子的宠爱造成的伤害。

从汉字的构造上看，"宠"字是"宝盖头下一条龙"，可是这"龙"是一条无法腾飞的龙啊！

| 3 |

历史上的例子也有很多，巴顿的父亲要求巴顿每天早上苦读，正是这个严格要求的习惯，才造就了叱咤风云的巴顿；王羲之的父亲在王羲之年幼时便要求他练字，而且十分严格，才使得王羲之终成百代书驿；曾国藩家规严格，教子有方，才有了赫赫有名的曾氏家族……

对孩子要求严格，并不是父母不爱孩子，而是这些父母清楚，宠爱不是正确的爱。

有些爸妈，担心严格要求会对孩子造成伤害，其实不然，对于孩子而言，长期生活在爸妈的溺爱之中，他们会对这个社会抱有不切实际的幻想，认为现实美好，但其实现实是很残酷的，不是所有的事都如心中所愿。

在偌大的社会当中，每个人都只是一株小草，不是所有人都会像爸妈一样爱你。

所以当孩子进入社会当中，为了更好地融入社会，必须更坚强，本着这个原因，孩子不能生活在爸妈的宠爱中，如果想让孩子像雄鹰一样飞得更高，像羚羊一样跑得更快，那么从现在起，聪明的甩手爸妈，请你们少宠一点孩子！

自理能力越强的孩子越快乐

经历过寒冬与风雨的小草总能迎着太阳旺盛生长，
而温室里的花朵却是柔弱不堪。
自理能力强的孩子总有自信满满的笑容，
自理能力差的孩子总是格外羞怯、敏感。

| 1 |

法国著名教育家卢梭告诫爸妈们："当一个孩子哭着要东西的时候，不论他是想更快地得到那个东西，还是为了使别人不敢不给，都应当干脆地加以拒绝。""如果你一看见他流泪就给他东西，就等于鼓励他哭泣，是在教他怀疑你的好意，而且还以为对你的硬讨比温和地索取更有效果。"

卢勤说过："孩子的欲望是无止境的，总有一天，你会拒绝他。而此时的拒绝会比当时的拒绝给孩子的打击要大得多。当孩子放纵的欲望最终被拒绝时，轻者会造成孩子焦虑恐惧、烦躁不安和悲忿绝望的心理，他会觉得世界上谁都跟他过不去，严重的情况下，还会引起孩子的轻生自杀行为。

"如果您想培养一个'无赖'，那就尽情地去'放纵'他、'迁就'他；如果您想培养一个很'棒'的孩子，那么面对孩子起初的不合理要求，您就要坚持用爱的原则、爱的理由拒绝他。"

| 2 |

黄思路在上小学时被评为"全国十佳少先队员"，这得益于曾经被评为"全国优秀家长"的王晶女士的培养。

在外人看来，黄思路是一个特别"棒"的小孩，不仅仅因为她的学习成绩特别优秀，更在于她懂事，心态乐观，善于与人交往。与王晶相熟的人问王晶："你用什么方式培养的黄思路啊？从小看着她长大，知道她也不是神童，为什么她不论学什么都那么快那么好呢？"

王晶笑着说："黄思路是独生子女，我们的家庭条件又还不错，可以算是'娇生'，如果把黄思路培养成小公主，说一不二，随心所欲，长大以后怎么能受得了委屈？我们总有一种危机感，担心娇惯孩子，会让她长大后变得脆弱、低能，如果孩子习惯了走平坦大道，将来不知道能不能在崎岖的道路上行走，再顺利的环境也难令她满意。所以，娇生不能惯养。我和我丈夫一直觉得，一个高情商的孩子比高智商的孩子更容易成功，所以我们非常重视女儿素质的培养。在女儿的成长过程中，我们首先关心的是女儿能不能健康成长，能不能适应各种各样的环境，能不能与人很好地相处，能不能有一个乐观向上的心态。

于是，从黄思路很小的时候开始，她遇到的每一个困难都会被我们当作是锻炼她的机会，我们从来不替她'扛'，有时候我们还会主动为她'制造'困难，希望她能够化不利为有利，克服遇到的困难和挫折。"

| 3 |

王晶在谈话的过程中，说过一件印象深刻的事，黄思路小学临近毕业前，负责了一笔为特困生的捐款，最后结算的时候现金少了200块。老师说没关系，因为捐款的目的已经达到了，那位同学也读完了小学。但王晶当时坚决反对，她要求黄思路把账目的漏项补齐，补不上的自己赔偿。

最后，账目的漏项只剩下120块没补齐，黄思路实在想不起来了，只好用自己的零花钱垫上。从那以后，王晶要求黄思路每天把自己的花销记账，晚一天记账，就罚10块钱，因此，不管当天多忙多累，黄思路都不敢懈怠。

孩子难免都会犯错误，对于犯错误，有些爸妈的做法是事前提醒，事后责骂，结果大人操碎了心，嘴皮子都磨破了，孩子还是一点感觉都没有，甚至觉得大人烦。到了下一次，依旧在犯错，依旧不长记性。

俗话说："吃一堑，长一智。"可为什么有的孩子"吃了很多堑"，却总是不长智呢？这是因为他们从来没有为自己的错误承担责任。

当孩子做错事的时候，不如让他们"自作自受"，自己承担错误的后果。先去"吃一堑"，然后"长一智"。"自作自受"使孩子知道无论做什么事情，后果都是要自己承担的。所以做事就很负责。

培养一个负责任的人，是要经过不断地吃堑、长智的过程的。光说不练,不会成功;爸妈一切替孩子代劳,孩子不会长大。成功人士的出类拔萃,是因为他们深知"实践出真知"的魔力。

有些爸妈,嘴上说着要让孩子得到锻炼,可是到头来,却什么事都帮孩子做了,什么困难都帮孩子解决了,导致孩子产生了依赖性,遇到问题总是求助大人,不愿意去面对困难和挫折,导致自身的潜力也就发挥不出来。

作为爸妈,要明白,"我能行"的孩子,不是在说教中长大的,而是在行动中成长的,所以站在孩子发展的角度上着想,在孩子幼年时期锻炼其承受挫折的能力,经历磨难,这样,在孩子长大之后,才会感谢爸妈赠予的这份人生财富。

别担心,放手之后雄鹰才能展翅高飞

越来越多的甩手爸妈认识到,

"小公主""小太阳"的教养模式已经落伍了,

克制住自己泛滥成灾的"父爱""母爱",

认真科学地养孩子吧!

| 1 |

作为爸妈，应该明白的是，父母不能一辈子都陪着孩子。如果总是为孩子包办一切，会让孩子形成凡事依赖爸妈的习惯，失去独立意识，为未来的发展增加阻碍。

创立标准石油(美孚石油公司)的洛克菲勒家族里没有出过一个败家子，没有像美国其他的跨国财团、亿万富翁家族一样，仅仅经历了几十年就衰落了，这得益于洛克菲勒家族特别注重培养孩子的独立生活能力，使其养成自立自强的习惯。

小洛克菲勒4岁那一年，当看到父亲老洛克菲勒从外边走进来时，他急急忙忙张开双手，兴冲冲地朝父亲扑过去。出乎意料的是，老洛克菲勒往旁边一闪，导致小洛克菲勒扑了个空，跌倒在地上，随后哇哇大哭起来。

静静等小洛克菲勒哭完，老洛克菲勒才严肃地开口："孩子，你以后要记住，凡事都要靠自己，不要指望别人，有时候，就连爸爸也靠不住。从现在开始，你要学会自立自强。"

正如洛克菲勒家族一样，在西方的很多国家，许多爸妈都特别重视培养孩子自立自强自理的能力，为了锻炼孩子独立生活的能力，从而采取放手不放任的教育方式。

美国的孩子，从一岁开始就自己吃饭，被"绑"在椅子上，食物放在面前的小桌子上，小刀叉放在两边。动手能力不强，脸上沾满了奶油，饭菜撒得到处都是，爸妈在一旁看着，也不急不恼，他们绝对不会喂食，因为只有这样，两岁时才能独自用餐。

瑞典的孩子，自从出生后几乎不会被爸妈抱在怀里，在家一般放在小床上，出门放在小车里，就算哭也不抱，会走路的就自己走，不管多小，也不跟爸妈同睡。

德国的小孩，从一岁开始就学走路，摇摇晃晃的，跌倒了自己爬起来，再跌倒再爬，一般没有赖在地上大哭的情况，爸妈也不会去搀扶。

这就是放手，从小孩出生，爸妈要让孩子自己去经历，也要设法创造锻炼的机会和条件，让孩子在各种各样的环境中得到充分锻炼。在很多西方国家，中学生上大学的学费需要自己打工挣来，77%的美国新罕布什尔州的高中生都打工。

相比之下，当大多数中国孩子还在热被窝里熟睡时，美国的很多孩子已经挨家挨户送报纸了。中国的很多家庭，尤其是家境富裕的独生子女家庭，爸妈都会对孩子采取保护和照顾过多的方式，这样不利于培养孩子自理自立的能力、坚毅顽强的性格和适应环境的能力。

生活本就是一段艰难的路程，常常遇到挑战和困难，而能够帮助孩子走过这段路程的只有他自己，任何外在的帮助都只是一时的，只有自立自强地走过，才能真正走向美好的未来。

| 2 |

在乔乔刚上小学的时候，爸妈就跟乔乔做了一次严肃认真的谈话："你现在是小学生了，应该学会自己管理自己。每天按时起床，穿衣上学，不准迟到；放学回家，先完成各科作业并认真检查，收拾好学习用品后才能去玩。爸妈有自己的工作，你有你的学习任务。现在，我们每个人都必须做好自己的事情。"

爸妈还把乔乔每天的零花钱按月交给他，告诉他节约自得，超支不补。他们默默地关注着乔乔的一举一动，定期不定期地抽查作业，只要不出大的原则性问题，从不多加干涉。像今天多用了5块钱，星期五放学没把作业做完之类的事情，爸妈从不过问，给了乔乔一定的自由空间。乔乔也还算听话，基本上能按照要求去做。当然，刚开始少不了需要爸妈提醒，但慢慢地时间长了，习惯就养成了。就这样，乔乔轻轻松松地度过了他的小学阶段。

乔乔上初中的时候，爸妈也仅仅买了一只闹钟交给他，让闹钟提醒他按时起床，之后就再也没有对他操心过。乔乔总是在爸妈的睡梦中悄悄地去上学。

上高中、上大学的时候，乔乔也是自己收拾好行李，拎着行李箱自己去的。后来找工作，也没让爸妈操过心。虽说"儿行千里母担忧"，乔乔在外地工作，他的爸妈只是想念，"忧"却少了许多。因为他们知道，不管遇到什么问题和困难，儿子都会想办法解决的，因为他知道那是他自己的事情。

在中国，大多数爸妈都喜欢把孩子列为自己的私有财产。既然是财产，又掌握所有权，当然无一例外得投资。于是5年计划、10年计划统统都出来了。每位这样做的爸妈都怀着无比伟大无私的情怀，要为孩子创造一个美好的将来。但是，孩子的将来不是你创造得了的，将来得靠他们自己创造。

如果把孩子比做一张白纸，那么，画笔应当握在他们自己的手里。你的任务，只是带他们出外看风景，长见识。因此为了孩子有一个美好的未来，好爸妈应该要学会让那个孩子做自己的主人，让他自己去描绘他的人生。

|3|

爸妈们要培养孩子的独立意识,这会对孩子今后的成长产生至关重要的作用。只有学会独立,才能够在成长过程中摆脱依赖父母的心理,在以后的工作和生活当中做出自己的决定,做事情会更加有信心。

真正具有独立精神的人对自我意识有一种强烈的需要,他们无须借助他人的帮助,就能完成自我成长。

爸妈们要培养孩子的自我意识,这也会对孩子今后的成长产生至关重要的作用,给予孩子一些成长空间,鼓励他们独立完成一些事情,锻炼自己的独立意识。即使最后,努力没有成功,也不要责怪,多给予鼓励,增强他们的信心。

拒绝圈养模式,给孩子真正的自由

时下的很多爸妈手持一根隐形的鞭子,

教育孩子犹如驯养小兽一般,

他们更像是驯兽员,

而不是慈祥威严的父母亲。

| 1 |

教育的四大支柱之一——"学会生存"是联合国教科文组织特别强调的，它的重要内涵是指一个人的社会化过程，也就是指从自然人到社会人的转化过程中，培养个体的自立能力和判断能力是个体社会化过程的必备条件。通俗地说，在一定程度上，"放手"其实是教给孩子"学会生存"的能力。

职业高尔夫球手横峰樱的伯父横峰吉文在鹿儿岛开办了一所横峰式幼儿园。在横峰式幼儿园，一个怎么也跳不过跳箱的孩子成为关注的焦点。

孩子下决心说："无论挑战多少次，一定要跳过去！"说是这么说，却怎么也跳不过去。就在孩子快要放弃的时候，妈妈和其他人都想要伸手帮帮这孩子，这家幼儿园的女园长却不答应这么做。

之后，孩子发誓"一定要跳过去"，坚持练习只为在成果展上有出色表现。女园长相信这孩子的能力，所以才教导他"狠下心来磨砺意志"。当孩子在成果展上顺利跳过跳箱的时候，园长比谁都高兴，抱起孩子一个劲儿地表扬。

经常会在高考后，在电视中看到这样的新闻报道，说走出考场的孩子兴奋地把手中的书本抛向空中。这是为什么呢？心理学家分析，这说明学习和考试是一件被动的事情，因而演变成一种痛苦，而当这种痛苦终结了，他们就会开心地把与痛苦有关的一切全部扔掉，收获内心渴望的自由。

为了不让孩子把很多事情看作是痛苦，在培养孩子的过程中，大人要分清楚"何时放手守护"和"何时出手帮助"的区别。如果想要孩子具备自主性，减少不自信和叛逆等行为，爸妈们应该学会适当放手，放手让孩子们独立做事情。

俗话说："要想知道梨子的味道，就要自己尝尝。"这句话说的是实践的重要性，其实放在教育上也很适用。一些爸妈怕自己的孩子遭遇失败，承受痛苦，所以想尽一切办法把自己遇到过的痛苦都化作经验转告孩子，可是当爸妈们用严厉的口气让孩子们远离痛苦时，给孩子们带去的并不是快乐，而是一种焦虑。

失去了探索和冒险的快乐，又如何能让人学到应对危险、坎坷的知识和经验？

｜2｜

有这么一个故事，一对父母因为晚来得子，因此特别宠爱，真是含在嘴里怕化了，捧在手里怕碎了。在温室里长大的儿子在溺爱中养了一身的毛病，甚至连基本的走路都走不好，经常跌进水坑里，这让父母特别着急。

七岁时，儿子上了小学，但是他走路的毛病还是没有得到纠正，不仅如此，他还特别三心二意，走路的时候喜欢东张西望，每天不是弄脏了鞋子就是弄湿了裤子，而且每次都哭哭啼啼的。

有一天，父亲在儿子放学前出了门，在儿子必经的放学的路上，挑了一块田埂，断断续续地挖了十几个口子，然后用事先准备好的棍子搭成一座小桥，必须小心翼翼才能通过。儿子放学了，看到面前突然多了一座桥，很是惊讶，但是回家只有这条路了，他又哭了，可是哭了半天，也没有人管他，他只好停止哭泣，慢慢抬起脚，走上小桥。

等到走过小桥时，他才发现自己已经惊出了一身冷汗。回到家后，他立马跟爸妈分享自己今天的经历，一脸的神气，父亲在一旁点点头，赞许地说他勇敢。自从那一天之后，儿子再也没有哭着鼻子回来过。

母亲对儿子的转变感到诧异，父亲笑了笑："道路过于平坦，他才会三心二意，当然走不好路；如果路途坎坷，他必须集中精力走，才有可能走得平稳。"

每个孩子长大的过程，其实是一个社会化的过程。这个过程最显著的特点就是实践性，有时候在父母眼中轻而易举的事，让孩子自己体验，反而能从中体会到更多，获得更多，明白的道理也更多，由此产生的影响也更深远。

为人父母，要尽可能地为孩子提供体验的机会。

｜3｜

每个人的成长过程是不能被替代的。擦完桌子去洗抹布，观察到"抹布比以前白了""水变成黑色了"这两个现象，在成人看来十分明显，可一个三岁孩子却会觉得很惊奇，因为他们通过亲身实践了解到了事物的变化。如果父母只是说"别抓抹布""水都黑了，不能洗手了"等命令，孩子并不能从言语中体会到二者之间的联系。

许多爸妈过于着急帮助孩子，或许渴望孩子总是做正确的事，这样只会剥夺孩子发现的可能，扼杀他们的学习兴趣，打击他们解决问题的主动性。

小鸟从小就有飞的本能，孩子也有独立判断和选择的能力。放手把自由还给孩子，你会发现他们比想象的更勇敢、更自信，也飞得更高、更远。

"二十四孝"家长,你真的是在害孩子

不孝顺不知感恩的孩子在新闻里比比皆是,

当大家纷纷指责孩子的不义时,

有没有思考过,

这种孩子是谁养育的?

养育的过程是什么样的?

| 1 |

现在的孩子大多是独生子女,全家上下好几口人就围着一个小宝贝。人人都喜欢舒适的环境,喜欢享受,喜欢饭来张口衣来伸手。既然可以拥有这种毫不费力的"幸福",孩子当然愿意"坐享其成"了。

现在的父母对孩子的宠爱有两种原因,一是因为父母对孩子照顾有加,宠爱有加,不愿小小年纪的他受累,所以什么事都帮他安排好,甚至做好;二是父母觉得孩子年纪小,什么都做不好做不对,一时着急就自己上手帮忙做了。

久而久之，孩子在内心就会产生这样的依赖："反正有人替我安排，我什么都不用操心不用管了。"于是，从每天早上的穿衣、洗脸、刷牙、穿鞋、吃饭、背书包等全套"流程"都在父母的帮助下完成了，孩子几乎连思考都不用，机械地完成所有的事，直到上小学了，依旧如此。父母觉得应该，孩子觉得理所当然。

可是，如果有一天，父母有事，或者生病了，孩子怎么办呢？不会穿衣，不会洗脸刷牙，不会吃饭穿鞋，什么都不知道，他以前看着父母能在半个小时之内完成，以为自己也可以，可是呢？最后拖了好几个小时也出不了门。

孩子为此一个劲儿地埋怨父母，而父母也不知道该如何是好。

满怀爱心不求回报地对待孩子，得来的却是埋怨与伤心，到底是父母做错了还是孩子做错了呢？

| 2 |

有一位著名的教育家曾提出："凡是孩子自己能做的，应该让他自己去做；凡是孩子自己能够想的，应该让他自己想。"

加拿大山区的路边大多会竖着一块牌子，上面写着一句英文："A fed bear is a dead bear."驾车旅游的中国人不懂其中的含义，为什么"被喂饱的熊就是死熊"呢？后来，听当地人解释说，山区的熊常常会出现在路边，很多人对熊既好奇又觉得好玩，就把食物扔给熊吃。几次之后，熊尝到了甜头，从此学会了站在路边等着投食，久而久之，自己觅食的本领逐渐消退，而一旦没有人再去投喂食物之后，一些失去觅食本领的熊就饿死了。

因此，为了提醒那些主动喂食的游客，加拿大政府特意竖了这些牌子,意思是想告诉路过的人:看似喂饱了熊,实际上是喂死了熊。

人们对于熊的关爱与主动喂食,与当下社会很多爸妈对子女的关系和爱护十分类似。对孩子"包办代替",并不是恰当的爱,而是一种忽视和扼杀,忽视了健康人格的培养,扼杀了创造力和自主性,因而在长大之后,孩子会特别依赖爸妈,不能够独立生活和解决问题,更甚者在成年之后始终保持着幼儿时期的缺点,类似于娇生惯养、任性;缺乏独立生活能力,出现心理倒退现象;适应新环境能力差等。

之前有一则新闻报道一个多才多艺的高中生女孩,不仅会唱歌会弹琴,舞也跳得十分出色,但学习成绩并不优秀。在高二时,她跟爸妈商量想在高三毕业后去当幼师,但她爸妈坚决不同意,坚持认为只有考上大学才有出息。

高二期末,女孩因为两门会考没有及格,选择在家中自杀。

如果她的爸妈愿意放手,让她去做自己喜欢做的事情,发展自己的兴趣,或许就不会发生这么触目惊心的一幕,说不定会有一个特别好的幼师。

更让人痛心的是那些高分低能儿,在"全能爸妈"的包办代替下一点点变成了生活的"白痴"。

Judy是哈佛大学的博士,但从小娇生惯养和被安排好一切的她,走向社会后面对挫折时却不堪一击。最终,因始终找不到"理想"的工作,Judy患上了精神分裂症。

"一切包办的孩子没出息。"这是Judy的妈妈在反思自己对Judy的教育中喟然长叹的一句话。在Judy的成长过程中,一切都由妈妈和爸爸安排,导致社会经验极其缺乏,加上从小就在周围的人群中出类拔萃,遇到挫折就受不了,没办法接受。

| 3 |

"包办"的现象，在当下的现实生活中，几乎习以为常。儿女结婚，从买房装修到家具制定，都由爸妈一手操办；儿女生了小孩，从喂养到教育，爸妈、爷奶和外公外婆个个都要插手……正是因为这种"被包办"，才让社会上的成年人成了"30岁儿童"，明明年龄已经奔三奔四了，行为却依旧像一个没有长大的小孩，不能独立自主。

很多爸妈振振有词，认为自己事事操心是因为爱孩子，却不曾想过自己的"剥夺性行为"干预了孩子在成长当中的许多机会和权利，不仅干预他遇到挫折的机会，也干预他们正常社交的权利。对于孩子的反抗，许多爸妈选择忽视，但对孩子情感需求的漠视，容易导致孩子寻求极端的方式得到情感满足，因为经验不足而遇到新的问题。

大到升学考试，小到洗衣叠被，这些大事小情是锻炼孩子生存能力的有效途径。自己的事情自己做，是幼儿园老师教导小朋友时常说的一句话。如今，希望爸妈们谨记此话，不再代替孩子完成生活方面的琐事，就让孩子独立吧，自己努力自己付出，收获自己的人生。

溺爱孩子的这些坑,千万不要踩

这个可以做,

那个不可以做。

这个要多吃,

那个要少吃。

这个朋友可以交,

那个朋友不可以交。

……

事事操心、劳苦功高的爸妈们,

请不要再溺爱孩子了。

| 1 |

爸妈溺爱孩子,不仅代替他做生活中的事,更代替了他思考与做
出选择。这样依赖,孩子便没有了自主思考与自主选择的余地,只好
抛弃自己的思想,用爸妈的思想填充自己的头脑。遇事,孩子就成了

爸妈手里的一块柔软的橡皮泥，任其随心所欲地"捏"。爸妈本想塑造出成功的孩子，结果却造就了一个没有头脑、缺乏独立性格的人。

开学前一夜，妈妈把整理好的东西放在孩子床头，并对孩子说："孩子，你要带的东西，妈妈帮你整理好了，明天别忘记了啊。"

孩子外出玩耍刚回家，妈妈便对孩子说："孩子，以后别总是和那些调皮的孩子一块玩。多和楼上的欣欣玩，人家学习多好，多向人家学习学习。"

超市里，妈妈拿过孩子手里的玩具，对孩子说："这个玩具不好，还是那个能增长智慧一些。"

从这些场景当中，我们都可以看到，爸妈在限制孩子的行为和思维。孩子到底要什么、喜欢什么，爸妈并不知道。他们只是在按照自己的思维、经验、习惯来"帮助"孩子选择，强行告诉孩子这个不能做，那个不能拿，这个人不能交，那个人有什么缺点。

在家庭教育中，听话的孩子比不听话的孩子更讨爸妈喜欢。但是不知道爸妈们想过没有，要求孩子听话，实际上是使孩子丧失独立的性格，变成一个没有责任感、不用头脑而且怯懦的人。

| 2 |

曾经听过一个心理学家的主张，他认为在面对"你想喝什么"的问题时，一个回答"我想喝咖啡，不想喝红茶"的人在未来发展上比一个回答"随便"或者"什么都可以"的人更有作为，原因是遇到事情能有自己的主张并且敢于表达自己主动的人更勇敢。

因此，爸妈要试着让孩子表达自己的想法，不要总被爸妈牵着手往前走。

事实上,独立的见解是孩子可以受用一生的宝贵财富。爸妈在家庭教育中,可以给予孩子必要的建议和引导,但不要事事替他做主,应该尊重孩子的看法,鼓励他坚持自己的见解。

因此,在日常生活中家长就要做到一点:不要给孩子过多的限制。

让孩子自己决定吃什么——很多爸妈担心孩子的健康,强行要求孩子今天吃什么、明天吃什么,即便其中的很多食物,孩子并不喜欢。其实家长完全没有必要这样去做,完全可以在不影响孩子饮食均衡的情况下,让孩子自己选择吃什么。

让孩子决定自己穿什么——爸妈在保证文明着装、安全的前提下,可以让孩子自己决定穿什么衣服,切忌随自己喜好而不顾孩子的感受。因为时代在变,爸妈的眼光和现在的时代已经脱钩了,用孩子的话来说,就是爸妈的眼光"太老土"了,跟不上时尚了。对于爸妈来说,要承认这一点,只要孩子不穿得奇形怪状,就让孩子自己选择吧。

让孩子自己决定玩什么——不少孩子在玩游戏时,并不想让爸妈教给他们游戏规则,更愿意自己决定游戏的方式,并体验其中的乐趣。爸妈可让孩子自己选择玩具和玩的方法。这样做可以极大满足孩子的自主意识,帮助孩子成为一个有主见的人。

询问孩子的想法——任何一个人如果没有自己的想法,就等于他是一个"没用的废人",一辈子都将在浑浑噩噩中度过。这是很可怕的事情,任何一个爸妈都不希望自己的孩子以后过这样的生活。而孩子会不会过这样的生活,关键在于爸妈会不会给孩子过多的限制,关键在于爸妈懂不懂得事先询问孩子的想法。

让你的孩子参与进来——孩子做事缺乏主见,没有自己的想法,通常与家长缺乏和孩子的沟通、做事武断、不注意尊重他们的要求有关。所以，要想解决这个问题，就要让你的孩子参与你所做的事情，咨询孩子的意见和建议，让孩子有充分表达自己愿望和独立思考的机会。

| 3 |

在教育的过程中，有些爸妈之所以事事操劳，很大的一个原因是他们不相信自己的孩子。他们认为自己的孩子年纪小，或者智力发展慢，这也不行，那也不行。很多事都帮孩子做了，看似让孩子不被社会唾弃了，但要知道，在社会当中，没有人会无条件帮助谁，因此，想要孩子不被社会唾弃，爸妈要学会"偷懒"。

很多事情放手让孩子自己去做，其实，每一个孩子都是聪明而能干的，爸妈要相信自己的孩子。有时候，爸妈甚至要下狠心，制造困难和挫折，让孩子吃些苦，才能让孩子处理好自己的事情，成为一个独立自主的人，才能在社会当中立足。

在孩子学习独立的过程中，爸妈一定要有耐心，不要觉得麻烦，多一些表扬和鼓励，少一些批评和指责，要帮助孩子树立自信心和积极性。

被子叠不好，反复多教几次，多做示范；刷牙学不会，反复演示几次，在一旁适当提供帮助；衣服洗不干净，指导他重点洗哪些地方，如何洗……这样可以帮助孩子培养做事的耐心和信心。

爸妈要走出"爱"的误区。溺爱不是爱，帮孩子处理一切也不是爱，培养孩子的自理能力才是真正的爱。

| 第五章 |
甩手爸妈，主动带孩子适应社会

"巨婴"如此多，都是爸妈的错

> "啃老族""巨婴族"层出不穷，
>
> 是孩子自己的问题，
>
> 还是家庭教育的过失？
>
> 甩手爸妈会从小带孩子主动接触社会，
>
> 而不是把孩子关在象牙塔里。

| 1 |

爸妈都企盼孩子成功，这种愿望是好的。但有的爸妈只注重孩子的考试分数，忽视了所学知识和实际的结合应用，忽视了对孩子进行做人与做事的教育，结果培养出来的孩子眼高手低，只会纸上谈兵，不会做人也不会做事。这样的孩子在考场上也许能取得高分，可在人生的舞台上却会失分。

孩子从幼儿园、小学、中学到大学，漫长的二十多年间，无疑是以读书为主，学书本知识、课程知识、课外知识，在学中成长、成人、成才,但也要做到知行合一。

在20世纪30年代的清华园,学生时代的钱钟书就立志要"横扫清华图书",即把清华图书馆130多万册藏书从A字第一号开始通览一遍,有的还要做批注;他上课从来不做笔记,还浏览其他书刊,可是一到考试,只要略加复习,他便可考出优异成绩。

钱钟书在清华读书4年,共读了33门课程,29门必修,4门选修,包括英文、法文、伦理学、西洋通史、古代文学、戏剧、文学批评、莎士比亚、拉丁文、文字学、美术史等,除第一学年体育和军训术科(第二学年以后这两门课获准免修)吃了"当头棒"外,其余绝大部分都是优秀。钱钟书的成绩,当时在文学院和全校都是罕有匹敌的。

直至钱钟书先生去世前,他一直在孜孜读书,乐此不疲。

虽然钱钟书先生一生孜孜读书,但他不主张做"书呆子",而是强调追求真正的学问。可以说,钱钟书先生毕生都在追求真正的学问。他的《管锥编》一书,包括了古今中外近4000位著名作家的上万种著作中的数万条资料,内容几乎涉及全部的社会人文科学。对众多学科的知识进行比较、评说,并做出结论。这是一部充满人生感悟和洞察力的书。它谈愚民、谈酷吏、谈冤狱、谈艺文、谈方正圆滑、谈世道人心,是一本纵横捭阖、浩浩荡荡,如大江一样奔腾的皇皇巨著。

钱先生的真知卓识源于他综合思考的治学方法。他认为要多读书、多比较,从中发现问题,认真思考。在许多时候,则应变换视角,发掘新意,触类旁通,达到"通识"。

| 2 |

有一个寓言故事,说的是,一位学富五车的教授乘坐船去游学,

途中,他心高气傲地询问船长的受教育程度,先是抛出了自己擅长的学科:"船长,你有没有学过天文学?"

船长回应:"我不能说我读过。"

教授的头扬得更高了,骄傲地说:"我很抱歉地告诉你,因为你没有读过天文学,所以你已经浪费了人生四分之一的时间。根据星座的位置,有经验的船长能够让船到达世界的任何一个角落。"

船长不说话,教授又问:"船长,你有没有学过气象学?"

船长回答:"没有。"

教授突然生气了,语气严厉:"船长,你几乎浪费了一半的人生啊!难道你不应该知道跟随风势而行能加快船速吗?"

船长不说话,教授又问:"船长你有没有学过海洋学?"

船长回答:"没有。"

教授斥责道:"简直不敢想象。船长,你浪费了三分之二的人生!海洋学是每一个水手都要会的,因为只有掌握了海洋学,你才能找到食物以及寻求帮助。"

船长不说话,起身走向船尾,走了几步,他回头,冷冷地问教授:"教授,你有没有学过游泳?"

教授高昂着头,说:"没有。我学过天文学、气象学、海洋学,没有时间学游泳。"

船长淡淡地说:"教授,很抱歉,你的人生全白费了,因为船尾在漏水,船要沉了。"

这个故事告诉我们,学习理论是必要的,但一定要结合实际,书呆子是解决不了实际问题的。

丨3丨

我们说有字的书要学，无字的书也要学。无字的书是指社会实践。著名教育家陶行知先生说："生活即教育。"整个社会是生活的场所，亦是教育之场所。因此，我们又可以说："社会即学校。"放眼社会，接触社会，参加社会实践活动，可以让孩子学到书本上学不到的知识。

你想知道梨子的滋味，必须亲口尝一尝。

你想使用电脑，必须多练一练。

你想学会经商，必须在商海里摸爬滚打。

你想创新科技，必须在实践中历练，不怕挫折。

因为实践长才干，历练出人才，孩子要通过知行结合，来提高综合能力。

"甩手爸妈"养出的孩子内心更强大

遇事沉着冷静才能够理智地处理问题，

尤其是在碰到意外危机事件时，

更是要具备一颗沉着冷静的心，

只有甩手放养的孩子才能驾驭。

| 1 |

一架正要降落的飞机在开始接触地面时,突然滑出了跑道,飞机上的乘客和乘务人员根本没有任何心理准备,因为飞机在降落时有强烈的震动是很平常的事情,但这架飞机的机头突然往前撞向了地面,并且立即有烧焦的气味弥漫了机舱,惊慌失措的乘客们开始大声呼喊着:"请打开门,打开门!"

此时的情况万分危急,有些乘客甚至已经陷入昏迷,机舱内的能见度几乎为零,如果再不想办法出去,那么整个飞机上的人都会失去生命,于是乘客开始骚乱、哭喊,仿佛世界末日。就在这种混乱不堪的情况下,一名飞机上的空姐费力地挪开乘客散落在舱内的包裹和个人用品,然后在黑暗中摸索到了机翼上面的舱门杠,并打开了舱门,于是位于飞机中间座舱内的几十名乘客跟着她跑出了飞机得以生还。

空难发生后的一天里,那些幸存的乘客一个接一个来到医院去见那位拯救了他们生命的漂亮空姐。他们都说,如果当时没有那位空姐的镇定自若,死亡就会降临在他们身上。

由此可见,如果一个人遇事能做到镇定自若,那么他不但可以彰显自己的魅力,还可能改变原本的逆境。

那么何谓镇定自若呢?镇定自若就是要人们做到临危不惧、处变不惊、泰然处之。例如在顺境中,我们要教导孩子不要盛气凌人、狂妄自大;在逆境中,我们要教导孩子不要垂头丧气、沮丧不安;在舒适安逸的环境中，我们要教导孩子不要盲目攀比、奢侈放纵；在危难时刻，我们要教导孩子不要惊慌失措、恐惧不安。

| 2 |

苗苗是个遇事沉着冷静的孩子，这种性格的养成与爸妈的培养分不开。

苗苗小时候很胆小，什么都会吓得她大叫。爸妈很为她这种胆小的个性着急，担心如果爸妈不在身边时，怎样对待生活中让她害怕的事物。

为锻炼女儿的胆量，妈妈经常带她去动物园，看那些平时她感觉害怕的动物。

一开始看到蛇在地上爬来爬去，她会吓得离开，看到老虎，她会躲到妈妈身后。妈妈告诉她它们都在笼子里不会伤害到她。"没什么可害怕的，你看看老虎是不是和小猫长得很像啊？"苗苗认真地观察起来，笑着对妈妈说好像一个大猫咪一样。

渐渐地，苗苗就接受了生活中让她感觉可怕的事物。胆子也越来越大了。

另外，苗苗的爸爸妈妈，总是想方设法培养她自信、乐观的人生态度。慢慢地苗苗的性格改变了，也能很好地独立面对问题了。

苗苗的父母说："培养出孩子的胆量，当她在面临危险的事情时就不再害怕，当然就能沉着冷静地面对了，这样才能拥有遇事沉着冷静的心理素质。"

| 3 |

如今的孩子不够沉着、冷静,其中还有一个重要的原因是只要孩子一提出自己的意愿,爸妈就会立刻满足,而这种"及时的满足"导致他们缺少耐心,在之后的社会经历中错失许多机会。

因此,无论遇到什么样的事情,爸妈要切记教育孩子先思考再行动,即便是平时说话,也要做到"三思而说",如此,孩子才能够拥有更加平和更加理智的心态。

最好的爱是教会孩子和世界相处的能力

我们都希望孩子在人群中悠游自在,

而不是退缩在角落孤芳自赏,

那么,

教会孩子与世界和平相处,

是一项很重要的教养任务。

| 1 |

孩子们聚在一起玩耍时，产生分歧、出现摩擦都是难免的，也是正常的。有些爸妈因为看到或者觉得自己的孩子吃了亏，从而介入到孩子们的矛盾当中，自以为充当了调停者，希望通过大人的方式解决问题，结果却让问题更加复杂化。

吃过晚饭后，程航一家到小区院子里散步，到了楼下，程航听到一阵喧闹声，球场上有一群伙伴在打篮球，他跟爸妈请示后，兴高采烈地加入到打篮球的队伍当中去。

过了一会儿，程航的爸爸听到一阵吵闹声，朝球场上看去，只看到程航特别激动地"手舞足蹈"，面前是一个比他高的男生，两人面红耳赤地对视着。隔得太远，听不清具体在争吵什么，但程航爸爸看见高个男生嘴里嚷嚷着，抬头推了程航一把，程航没有站稳，倒在了地上。

说时迟那时快，程航爸爸立刻冲了过去，拨拉开人群，先是把程航扶了起来，然后一把抓住高个男生的衣领，凶巴巴地问："你怎么能动手打人呢？"高个男生一脸不屑地扭过头，程航爸爸更生气了，呵斥："你爸妈呢？是谁？得让他们好好教育教育你。"

程航爸爸插了一脚，球场瞬间就恢复了安静，围着的人都散开了，程航站了起来，去捡篮球，但程航爸爸一把拉住他："都被推了，打什么打，回家去。"程航气呼呼地嘀咕："我们小孩的事，你一个大人为什么来插一脚？现在你让我玩，我也不玩了。"

不少爸妈总是认为自己的孩子小，不具备自己解决困难或冲突的能力，实际上孩子是有解决困难的方法及策略的。所以，爸妈不要总去帮助孩子,应当放手让他们逐步学会自己处理事情,自己解决事情。这样,在他以后的人生路上,他会发现自己走得很轻松,知道如何去应对所遇到的一切。

一次,大麦与小表妹果果在客厅玩耍,不一会儿,两个小家伙就吵了起来。大麦跑来向妈妈告状:"妈妈,表妹抢我的积木!"还没等妈妈说话,果果就抢着说:"表哥他小气,他那么多积木呢,我用几块他都不给。"

妈妈没有判定这两个孩子谁对谁错,而是这样对大麦说:"你当小裁判员,你来分析一下这件事情应该如何解决。在此之前,你们可以把自己的想法都说出来。"

大麦想都不想地说:"表妹应该把积木还给我。"

果果也不示弱:"我不给,你那还有那么多积木呢!"

"但我想用那块半圆形的积木做小房子的房顶。"

"我也要用那块半圆形的积木!"

大麦和果果都看着大麦的妈妈,大麦的妈妈仍然不参与他们之间的矛盾,而是对大麦说:"你是小裁判员,你应该自己想出一个既公平又合理的办法。"

大麦想了想,对果果说:"这样吧,你是妹妹,我让着你,你先用那块半圆形的积木,但15分钟后你要把它还给我,然后我再用它做房顶。"

就这样,冲突和平解决了。

| 2 |

在公园,两个孩子因为争夺秋千发生了冲突,令人感到惊奇的

是，这两个孩子处理冲突的方式截然不同。其中一个男孩去找妈妈，哭着对妈妈说："妈妈，他欺负我，你去给我报仇！"而另一个男孩却说："这个秋千你已经玩两次了，这次该我玩了，我玩一会儿还会让你玩的。"

独生子女在小的时候，最大的问题就是霸道、独。在家里，一群人围着小公主、小王子，像群星拱月一般；外出游玩也会带上专属的玩具与生活用品，防止与别的孩子产生抢玩具的尴尬。但是，进了幼儿园之后，无数家长与孩子陷入了苦恼之中。因为所有孩子都不是省油的灯，每天为了抢玩具、抢座位、抢碗、抢书……孩子们打成一片，哭声漫天。

被抢了东西，孩子又哭又闹，孩子被打，爸妈紧跟着就要冲进去帮忙。不是找老师找园长投诉，就是找对方孩子家长理论，更有甚者，还要带孩子去报跆拳道、柔道进行"曲线救国"……这真是一场活生生的闹剧。最终，以打破头的两个孩子转眼又玩得开开心心而尴尬收场。

聪明的爸妈，应该给孩子自己处理问题的机会。没有人能够永远生长在爸妈的羽翼之下，犹如温室里的花朵，终生不出家门。与别人如何相处，如何调整自己适应环境，如何自己面对矛盾与冲突，是孩子从小就应该面对的问题。

只是，爸妈们太爱越俎代庖，剥夺了孩子处理问题的权利。

孩子的天性是好斗、好胜的，在集体活动过程中，他们之间发生一些矛盾和冲突很正常。此时，他们处理冲突的惯用方式往往决定着他们是否具备领导才能。例如，与同伴发生了矛盾，很多孩子会哭着向老师或家长求救，就像故事中的第一个小男孩，这种类型的孩子对成人一般都具有很强的依赖性。

而故事中的第二个男孩,他与同伴就谁该玩秋千这个问题发生了矛盾,但他没有向成人求救,也没有通过暴力解决问题,而是与同伴协商:"你已经玩两次了,现在该轮到我玩了,我玩一会儿之后还会让给你的。"在这种逻辑清晰、有理有据的分析下,任何一个孩子都会遵守这个对大家都有利的规则。

所以,当孩子与同伴发生冲突时,家长先不要急于插手帮他们解决,而是应该鼓励他们自己解决,培养他们处理冲突的能力。

| 3 |

当孩子在玩耍过程中与其他孩子发生冲突时,爸妈不必急着参与其中,成为评判是非对错的"法官",要试着相信孩子的能力,为孩子提供解决冲突的机会,在必要的时候,以引导者的身份,适时而恰当地介入,这样不仅能够平息孩子之间的冲突,还能提高孩子的道德判断能力、语言表达能力和社会交往能力。

相信孩子,他们的学习能力和适应能力是很强的。如果爸妈总是插手孩子的事务,替他们做出决定,久而久之,孩子的学习能力与适应能力就会弱化。当他们长大之后,爸妈再来抱怨自己家的孩子"连一点小事都处理不好"时,那真是悔之晚矣。

给孩子一个机会,他能带给爸妈一整片蓝天。

从小培养孩子与人合作的能力

一个篱笆三个桩，

一个好汉三个帮，

孩子更需要在融洽的团队氛围中成长。

学会与人合作，

懂得换位思考，

是孩子融入社会的第一步。

| 1 |

培养孩子学会合作的美德，不仅有利于提高孩子的道德素质、心理素质以及与人共事的能力、适应社会发展的能力，也有利于提高孩子的社会化水平，有利于推动社会的发展和进步。

可惜的是，现代社会的很多孩子都是家中独苗，不可避免地成为全家上下关注的中心人物。爸妈对孩子百般迁就，在这样的环境下，孩子也会认为自己本该拥有宝贵的身价，使得孩子只关心自己，很少想到父母、朋友和同学,从而在成长的过程中,滋生了不恰当的思想,养成了特殊的性格,如以自我为中心、脾气大、孤僻、不合群、不善于与人交际等。

这种不良的心理状态,不仅影响了孩子的身心健康,还会影响孩子的进取心。

| 2 |

我们的社会是一个竞争与合作并存的社会,"学会交往""学会合作"是时代赋予人才的基本要求。只有能与人合作的人,才能获得生存空间;只有善于合作的人,才能赢得发展。

英国作家塞缪尔·巴特勒说过:"不管一个人的力量大小,他要是跟大家合作,总比一个人单干发挥更大的作用。"

俗话说:"众人拾柴火焰高。"这句话的意思是,即使一个人的才华再出众,能力再高人一等,他能做的事情也是有限的,可是就算是三个才华和能力都普通的人,只要真诚地合作,就能抵得过一个充满智慧的诸葛亮。

合作是当下每个人都必须具备的能力,爸妈要让孩子更好地适应社会,施展自己的才华和能力,就应该重视对孩子合作精神的培养,形成孩子积极向上的性格,这会为良好人格的形成打下坚实的基础。

当今社会,竞争与机遇同在,合作是当下每个人的一项基本素质与品格。一个人的能力始终是有限的,有很多工作是不能够独自完成的,因此合作是非常必要的。如果一个人不能够与其他人合作,那他难以取得成功。懂得合作的人会紧紧把握住机会,花最少的时间和力气完成最多的事情。

培养各项技能和品德非常必要，灌输合作意识也不能懈怠。

爸妈要告诉孩子：每个人都有自己的长处，都有值得别人学习的地方。三人行，则必有我师。在平时的学习和生活中，爸妈要多提醒孩子关注和发现别人的优点，这是合作的基础。如果发现孩子嘲笑别人的缺点，应及时制止，并且告诉他们：每个人都有独特的闪光点，能发现别人优点的人才是厉害的人。

爸妈可以让孩子多观察一些合作的现象。例如，小蚂蚁搬家的时候，可以带着孩子一起在旁边看，让他体会到集体产生的巨大力量；或者全家一起观看需要合作的体育赛事，让他们看到运动员个人成就的背后有一群为他创造条件的队员，这是一个有合作意识的团队。

| 3 |

当然，合作意识不是与生俱来的，而是在不断与人合作的过程中逐渐萌发并慢慢得到强化的。爸妈常遇到的情况是，有两个孩子，但玩具只有一个，谁都想要，自然就会发生冲突，这时如果爸妈能够及时引导，比如指导两个人轮流玩，或者协同合作，让孩子在其中体会到合作的快乐与满足，就能激发孩子对合作的兴趣。

合作技能的高低将会直接影响合作进展的快慢和合作结果的好坏。怎样运用适当的语言与人沟通，怎样进行条件交换，怎样对别人表达愿望和好感，怎样推荐自己，怎样拒绝别人不合理的要求等，这些技能，都需要爸妈在日常生活中结合情境教给孩子。

诱惑无处不在，孩子要学会抵抗

小到吃糖、玩游戏，

大到选择人生道路，

诱惑无处不在。

如何理智地选择与放弃，

甩手爸妈们教孩子从一点一滴开始学起。

| 1 |

在现实生活中，处处都充满了各种诱惑。每个人的心中都有着很多渴望得到的东西，但却无能为力，这些便称为"诱惑"。诱惑，就好像是一个陷阱，表面上插满了鲜花，但美好的背后却是不可预知的危险。

面对诱惑，大人尚且没有足够的自制能力，又何况那些孩子呢？

一个非常贪吃的小孩，放学回家后发现客厅的桌子上多了一罐坚果，尽管放学路上已经吃了很多零食，但他觉得坚果的味道一定非常棒，所以他就打开了盖子,心里想着,妈妈会给他多少呢?也许不是很多,那现在妈妈不在,他决定自己抓一大把。

他把手塞进罐里,张开手指,抓了一大把坚果,但当他试图把手往外拿时,发现罐口太小了,手背都被磨红了,他的手还是拿不出来。手指已经痛了,他还是死死地抓着坚果,不肯放手。

妈妈下班回来了,看着小男孩满脸的泪痕,问:"你怎么了?"

"我拿不出我的手。"

"放下你手中的坚果,手就出来了。"妈妈叹了一口气。

小男孩这才放开坚果,放开的那一瞬间,他的手就离开了罐子。

如果小男孩始终坚持不放手, 最后, 他不仅吃不到任何一颗坚果,还会让自己的手受伤。

随着社会的不断发展, 社会上能够诱惑孩子的因素正在不断增多,一些非法的网站、报纸、杂志、图书等都在传播不健康的内容,而不健康的内容却具备很大的诱惑性,会让孩子沉迷其中,从而丧失自我。

| 2 |

美国斯坦福大学心理学教授米切尔曾经对斯坦福大学附属幼儿园的孩子们进行跟踪调查,从他们4岁,一直跟踪到他们高中毕业。

他们设计了一个著名的关于"延迟满足"的实验,这个实验是在斯坦福大学校园里的一间幼儿园开始的。研究人员找来数十名儿童,让他们每个人单独待在一个小房间里,桌子上放着孩子爱吃的棉花糖。研究人员告诉他们可以马上吃掉棉花糖,但如果等研究人员回来再吃还可以再得到一颗棉花糖作为奖励。

对于这些孩子来说,实验的过程颇为难熬。面对诱惑,性急的孩子没等到老师走出教室,就已经把棉花糖送进了嘴里,有的孩子为了不去看那些诱人的棉花糖而捂住眼睛或是转过身,还有一些孩子甚至用手去打棉花糖。最后,大约三分之一的孩子成功延迟了自己对棉花糖的欲望,等到研究人员回来兑现了奖励。

当这些孩子进入青春期后,米切尔又对这些孩子进行了调查。发现那些抵御住诱惑的孩子,在情感、社交方面,明显比那些性急的孩子具有较强的自信心、竞争力和较高的做事效率。面对挫折和压力,他们不会慌乱无措,不会轻易崩溃,容易赢得老师和同学们的信任。而那些没有抵御住诱惑的孩子,他们的抗挫折能力、自控能力较差,在压力面前不知所措,做事不果断,效率很低,自信心和责任心都不强。

这个实验的最终结果表明,孩子的自控能力,在一定程度上决定了他的未来。

青少年时期是人生成长的关键期,一方面充满了旺盛的求知欲、好奇心,另一方面又缺乏足够的鉴别能力、自我控制能力。在这种成长背景下,他们易受不良信息的诱惑而成为受害者。因此,作为家长一定要适时引导,提高孩子抵御诱惑的能力。

| 3 |

甩手爸妈在培养孩子良好行为习惯时要坚持说理,要让孩子明白"要这样做,不要那样做"的道理,让孩子用这些道理来评价判别自己的行为是对还是错,这样他就会以此来约束自己不做不该做的事情。比如,已经很晚了,可能孩子还是坚持不肯去睡觉,这个时

候，如果爸妈疾言厉色地让孩子去睡觉，可能就会引起孩子的对立情绪，干脆跟爸妈顶起来。如果爸妈耐心地对孩子说："如果你今天不早睡，那么你明天就会起不来，上学也就会迟到，还会影响到爸爸妈妈。"爸妈要是坚持这样做，不迁就孩子，耐心地给孩子讲道理，久而久之，孩子就慢慢地学会评价自己和别人行为的适宜度，增强孩子的控制能力。

告诉孩子，严禁粗暴无礼地对待他人

不懂得尊重爸妈，

粗暴无礼地对待他人，

当孩子出现这样的行为时，

爸妈们要立刻严厉禁止。

因为它不仅会对别人产生伤害，

还不利于自己。

| 1 |

汤姆是个顽皮的美国小孩,村子里的人见了他都感觉头疼,他经常在路上取笑行人,如果碰到衣着讲究的人,他就会说"花花公子";如果碰到穿着破烂的人,他就会用石块砸他,或者用其他方法骚扰他。

一天下午,他和他的同伴放学回家,无所事事,便又潜伏在路旁的树丛中准备向过往的行人搞恶作剧。刚好碰到一个陌生人从村子里经过。那人衣着朴素,衣服略微显旧但却不失干净和整洁。他手里拿着一根细木棍,棍的另一端还有一些行李,头上戴着一顶大遮阳的帽子。

很快,汤姆打上了这个陌生人的主意。他给同伴挤了一下眼睛,坏笑着说:"看我怎么戏弄他。"他偷偷地走到那人背后,打掉他的大帽子,就跑掉了。

那人突然感到帽子被人打掉了,马上转过身看了一下,但是还不等他开口说什么,汤姆就已经跑远了。那人叹了口气,只得戴上帽子,继续走他的路。过了一会儿,汤姆看到已经没事了,就用同样的方法戏耍那个人,可是这次他被抓住了胳膊,很快被那人逮住了。

不久,汤姆又趁机挣脱了,再次藏到了路旁的树林中。一会儿他发现自己又安全了,就开始用脏兮兮的石块砸那个陌生人。

这一下,陌生人根本没有办法挡住那些石块。当汤姆用石块把那个陌生人的头砸破后,他心里开始害怕了。别的孩子都跑了,他也偷偷摸摸地绕过田野,跑回了家,心脏扑通扑通地跳得很快。

| 2 |

当他快到家时，妹妹詹妮刚好出来碰到他。詹妮的手里拿着一条漂亮的金项链，还给他拿来了一些新书。詹妮看起来兴奋极了，语无伦次地告诉汤姆，几年前离开他们的叔叔回来了，现在就住在他们的房子里，他还给家里买了许多漂亮的礼物。为了给哥哥和父亲一个惊喜，他把他的车停在了一里外的一家客栈，独自一人步行来到家里。

詹妮还说，叔叔经过村庄时，莫名其妙地被几个坏孩子用石块砸伤了头，不过母亲已经给他包扎上了。汤姆越来越害怕了。"你的脸看起来怎么这么苍白？"詹妮改变语气问汤姆。

汤姆不敢说出实话，只得告诉她自己没有什么事，就跑回家了，爬到自己楼上的房间。不一会儿，他的父亲就叫他下来见他的叔叔。汤姆因为心虚，只好站在客厅门口，不敢进来。

他母亲问："汤姆，你怎么不进来呢？你平常可没有这么害羞啊！看看这块表多漂亮，是你叔叔给你买的。"

汤姆羞愧极了。詹妮抓住他的手，把他拉到客厅。汤姆低着头，还用双手捂着脸，他不敢面对自己的叔叔。

他叔叔来到他的身旁，亲切地把他的手拿开，说："汤姆，你不喜欢叔叔吗？"可是当他看清了汤姆的脸后，不禁大惊失色。他很快退了回来，失声问道："哥哥，他是你的儿子吗？他就是在街上砸我的那个坏小孩。"

善良的父亲和母亲知道了事情的原委，既惊讶又难过。他的叔叔在家人细心的调理下，伤口逐渐痊愈了，也慢慢地忘记了疼痛。可是他父亲却怎么也不让汤姆要那块金表,也不给他那些好看的书,虽然那些都是他叔叔专门买给他的!

其余的孩子分了那些礼物,汤姆只能悔恨地看着。他永远都不会忘记这次教训,下决心要改掉粗鲁无礼的陋习。

| 3 |

粗鲁是一种不文明的行为,是缺乏教养的表现,它直接影响到人与人之间的交往。但是,有些家长却对孩子粗鲁的行为熟视无睹,尤其是对那些年龄尚小的儿童,对于他们粗鲁的行为不加以制止,以为随着年龄的增长会自觉地改正。殊不知,一旦孩子幼小的心灵里种满了粗鲁的种子,是很难改正的。

因此,爸妈要及时做好孩子的教育工作,保证孩子从小养成文明礼貌的好习惯。

勇敢做自己，世界将因你更精彩

每一片树叶都是独一无二的，

我们的孩子也是与众不同的珍宝，

他们认真做自己的样子，

最美好最可爱。

| 1 |

蔡志忠是中国台湾著名的漫画家，他的漫画曾经风靡了全世界。但很多人不知道的是，他在教育孩子方面也很有自己的想法。他有一个信念，那就是让孩子快乐地成长，做他自己，因为爸妈毕竟不是孩子，也不能代替孩子生活，所以爸妈不能替孩子做出选择。

一次，蔡志忠的妻子到法国去出差，于是蔡志忠便开始接送孩子上钢琴课。有一次，蔡志忠把车停在了钢琴学校门前，女儿闷闷不乐地坐在车上，根本不想下去。蔡志忠问女儿："你为什么不高兴呢？"女儿说自己最想学笛子而不是钢琴，可妈妈却觉得她应该学钢琴，因为在妈妈眼里,钢琴比笛子更优雅。蔡志忠听到女儿这样说,就马上把车掉回头,一路开回家。女儿对爸爸的做法很担心,她怀疑地问爸爸:"妈妈刚为我交了4000元的学费,如果我不学钢琴了,这钱是不给退的,怎么办呢?"蔡志忠想了想说:"那只好算了。"女儿不放心地问:"妈妈回来说我怎么办?"蔡志忠看着女儿认真地说:"什么也没有你的快乐重要。"

4000元并不是一个小数目,但蔡志忠却始终坚持,钱损失了还可以赚回来,但孩子的快乐却是无论花多少钱都买不来的,而且孩子的童年也不可能倒回来重过。如果爸妈强迫孩子学习一些他不喜欢的东西,就很可能会抹杀孩子的学习兴趣,使孩子丧失独立的人格,只能服从大人的意愿,而这也正是教育最大的失败。

为了让女儿更透彻地明白坚持做自己的重要性,蔡志忠还专门在女儿过生日的时候给她讲了一个小故事。他说:从前,有一棵小小的番茄树苗,它每天安静而快乐地生长着。但是后来人们告诉它,如果它足够努力,就可以长出像西瓜那样大、像香瓜那样香、像苹果那样营养丰富的果实来。于是,小番茄树拼命地获取营养,很努力地做运动。结果,它结出的果实仍然只是不起眼的番茄。而且,最让人们想不到的是,现在小番茄树觉得自己不再是番茄树了,它到处向人们夸耀自己已经变成了一棵苹果树。

最后,蔡志忠告诉女儿,做人,千万不要把自己的内在交给别人去塑造,更不要为了物质上的满足就放弃了精神上的快乐。

| 2 |

在上学的时候,迪士尼就对绘画和冒险小说特别感兴趣,并很快

读完了马克·吐温的《汤姆·索亚历险记》等探险小说，他梦想着自己以后一定要把故事变成图画。

一次，上小学的迪士尼出色地完成了老师布置的绘画作业：把一盆花的花朵画成了人脸，把叶子画成了人手，并且每朵花都以各种表情来表现着自己的个性，但当时的老师根本就无法理解孩子心灵中的那个美妙的世界，竟然认为迪士尼是在胡闹，并当众把他的画撕得粉碎。当迪士尼反抗时，老师则更加严厉地批评了他，并告诫他以后不许胡闹。

委屈的小迪士尼很不高兴地回到家里。父亲见了沮丧的他就问缘由，听完小迪士尼的描述，父亲就亲切地对他说："我认为你的画很有创意，只要你足够努力，并始终坚持下去，你一定会成功的。不管别人怎样评价你，爸爸都相信你。你自己也要记住，你能不能成功不在于别人怎么看你，不在于你现在是否失败，关键是你自己怎么想和你能不能持续努力。"迪士尼牢牢地记住了当时父亲的这句话。

第一次世界大战时，迪士尼报名当了一名志愿兵，在部队中做了一名汽车驾驶员，闲暇的时候他就创作一些漫画，并寄给一些幽默杂志。虽然他的作品几乎都被退了回来，但是他记住了爸爸的话，他知道自己一定能够成功。

1923年10月，迪士尼和哥哥罗伊在好莱坞一家房地产公司后院的一个废弃的仓库里，正式成立了属于自己的"迪士尼兄弟公司"，他创造的米老鼠和唐老鸭几年后享誉全世界，并为迪士尼赢得了27项奥斯卡金像奖，使他成为世界上获得该奖最多的人。

| 3 |

可以说，让孩子成为他自己是每位家长都应该坚守的教育理念。从这个角度来看蔡志忠的女儿和迪士尼是幸运的，因为他们都有一位聪明的父亲。但遗憾的是，在现实生活中，很多爸妈却没有这样睿智，他们看到别人家的孩子学钢琴，就觉得自己的孩子也得学钢琴，看到别人家的孩子参加了奥数班，就觉得自己的孩子也要参加奥数班。他们甚至把孩子当成实现他们未完成或者不可能完成的梦想的工具，要求孩子为自己挣一些面子……

但，孩子的生命不是为爸妈而存在的，而是为他本身而存在的，爸妈不过是陪孩子走一段人生之路而已。爸妈要用平等的观点看待孩子，教会孩子弄明白"我是谁"，让孩子"自己把握自己的命运"。

绝大多数爸妈常常教育孩子要上进、上进、再上进，却很少教孩子学会正确对待自己的实力，并以此制定一些切实可行的目标。其实，对孩子来说，学会正确地评估自己，能够勇于面对自己的不足，开心快乐地做对自己、对他人都有益的事情比什么都重要。

| 第六章 |
甩手爸妈，从小培养孩子的好习惯

甩手爸妈都知道：好习惯能让教养更轻松

在高分高能的孩子与低分低能的孩子之间，

究竟是天赋在主导，

还是勤奋更重要？

无数事例告诉爸妈们，

养成良好的习惯，

是成就孩子一生的关键。

| 1 |

有一位著名教育家的话很有道理："一个人走入社会以后，将大学学到的知识都忘了，最后剩下的最有用的就是习惯。"不同的习惯是孩子最终成功和失败的分水岭，好习惯是开启成功大门的要素，而坏习惯则会导向失败的歧途。

每年考进哈佛、剑桥之类名校的孩子层出不穷，其中一位吸引了我们的关注，他是哈佛学子何江。在哈佛大学这种富二代和名流子弟云集的地方，何江显得比较特殊。他是在湖南农村长大的，上大学的时候才第一次进入城市。

之所以能取得这样的好成绩，是因为从小爸妈就培养起了他的好习惯。在当地的农村很多人都选择外出务工，让孩子在家留守，但是他的爸妈为了好好培养儿子，却选择在家种地，独守清贫。

每年过节回家的时候，别人家爸妈都会带很多礼物，翻盖新房子，可是何江家里什么都没有，十几年一直住一个土坯房子。世上的事都是选择，有得有失，虽然物质上贫乏，但是爸妈选择陪伴在孩子身边，给了孩子最好的爱和巨大的精神力量，更是培养起了孩子良好的生活习惯和学习习惯。

何江妈妈从上幼儿园开始就培养他良好的作息习惯，上大学孩子自我管理，家里不再干涉。平时都要严格按照作息习惯，但是周末和节假日让孩子自主安排。这是爸妈和孩子一起制定的规则，孩子就愿意执行，执行了一段时间就形成了习惯。

为了培养孩子管理时间的习惯，爸妈做了一个表格，写上每天每个时间段的任务，完成的打钩，完不成的打叉，可以在上面加上你想增加的项目。开始孩子会因为打叉了而难过，爸妈就会给孩子一次机会，第一次没完成不打叉，第二次没完成才打叉。随着孩子的成长，表格的内容越来越丰富，空白的和打叉的地方越来越少。孩子逐渐养成了按时完成任务的习惯。

何江的父亲是一位非常优秀的梦想导师，也是一位优秀的习惯养成专家。他与妻子选择种一辈子的水稻，大部分的心思都放在陪伴儿子身上，不管自己干活多么辛苦，入睡前一定会给孩子讲故事，十几年不间断。这个"十几年如一日"的讲故事的经历，在潜移默化之中帮助何江养成了良好的学习习惯。

比起其他在哈佛上学的人来说,何江的学习资源的确是匮乏的,但这并不能够成为他放弃努力的借口。而最为幸运的是,何江的爸妈想尽一切办法,利用一切资源培养孩子的学习习惯,使得何江在哈佛之路上越走越顺。

| 2 |

何江在高一的时候英语成绩一般,他们在两年的时间里让孩子的英语成绩突飞猛进,就是看英文原版视频——我们都听说过最经典的美剧《老友记》,每集20分钟,总共237集,看一遍下来大约80个小时。何江家到学校25分钟车程,中午吃饭时间25分钟,回家路上25分钟,回家25分钟,睡觉之前25分钟。早上在去学校的路上孩子听视频,中午吃饭听视频,下午放学回家路上看视频,晚上吃饭之前看视频,睡觉之前看视频,一天五次。后来在一年中,他利用零碎的时间,总共看了6遍480个小时,意味着每天看一个多小时。

就是在这个语言的储备阶段,何江的英语成绩像是小鸡破壳而出,从一般上升到优秀,产生了质的改变。

作为青少年,何江在成长过程中,不可避免地会遇到诱惑,他的自制力也没能帮助他逃脱,所以有很长一段时间,何江与其他人一样有了网瘾,有时候他玩游戏玩到凌晨三点,依旧很精神。有一天晚上,何江的妈妈听到有动静就走到了何江房间门口,何江察觉到了,迅速强制关机,人连忙躺倒床上装睡,何江妈妈打开门,发现电脑的屏幕闪着蓝光,走过去一摸电脑,热得烫手,她停了一会儿,什么都没有说就出去了。

第二天,何江起床上学,家中一切正常,他没有受到批评,但等到晚上回来,他嚷着"饿了饿了",却没有人理他,客厅茶几上乱七八糟的,厨房也乱成一团,剩菜剩饭就胡乱放着。何江走到房间才看到妈妈正在电脑面前打游戏,喊了她好几声,妈妈都不抬头。

何江当时就生气了，但他突然想到自己最近不是也沉迷于网络吗？他才知道了妈妈的用心。

生活在网络时代,想要不上网是不可能的,想要孩子不玩游戏是不可能的。上网和游戏都不是问题，问题是影响了正常的学习和生活。很多爸妈看到自己的孩子沉迷于网络便会说教唠叨,但这并没有用,只会让孩子走向另一个极端。

孩子都是敏感的,有自知之明,也有自尊心。爸妈在教育孩子的过程中,不管是多么严重的问题,一定要尊重孩子,而且要启发孩子感悟思考,唯有自己体验到的才能真正愿意改变和遵守。

何江的爸妈,并没有在半夜揭穿何江的谎言,对他进行打骂和指责,因为他们知道那样会让何江感到受伤,很可能将其推向深渊,不如让他自己去体会,去感悟。

| 3 |

一棵小树苗要苗壮成长,必须要从根基做起,而一个孩子要想能成材必须从小养成良好的行为习惯。习惯的养成是行为积累的结果,孩子从某种行为中获得了成功感,自然就会重复这种行为,从而变成他的习惯。习惯决定人的性格,良好的行为习惯的培养要从小开始,而且要从家庭开始。

孩子越小,可塑性越强,越容易塑造。所以孩子的好习惯要尽早培养,不要等到孩子年龄大了,已经养成了许多不良习惯了,再想着去改变,那就晚了。

良好的生活习惯,是孩子幸福生活的根本

有多少只要求孩子学习成绩好就行,

其他什么都不用管的爸妈,

请自动举手!

引无数人叹息的高分低能儿,

正是这样被"精心培育"出来的。

| 1 |

幼儿园有个小男孩叫跳跳,从上学的第一天开始,从未自己提过书包,其实书包也不重,里面只有一个便当盒;也从未自己穿过鞋,即使是普通的只要塞进去就能穿上的鞋。每次换鞋,跳跳就抬起脚,妈妈就跑来帮他换鞋;放学了,跳跳就把书包扔在地上,妈妈就跑来捡起书包,一路提着。

老师问过跳跳:"你为什么不自己拿书包?"

跳跳理所当然地说:"书包好重,我不想提,而且这是妈妈的工作

呀。她要帮我提书包，也要帮我哥哥提书包。"

有一天放学，老师遇到跳跳的妈妈，就问："跳跳的哥哥八岁，已经上小学了，跳跳也大了，您为什么不让孩子自己独立做自己的事呢？"

跳跳的妈妈笑了笑，说："孩子还小呢，要多看书，多做题，为了让他们有充足的精力，我便担任他们的后勤部长。"

老师无奈地笑了笑，说："跳跳其实很聪明，五岁就背熟了九九乘法表，也认识很多字，二年级的课文都能读熟，有着超龄的数学表现和阅读能力，但是他完全没有自理能力，无法自己穿鞋子、穿衣服，连午餐桌也没办法整理，这个做不成，那个做不完，您觉得这样合适吗？"

"这……" 跳跳的妈妈还在犹豫，"这些事情我先帮他做着好了，等他再大点……"

不料，一直沉默的跳跳忽然抬起头，鼓起勇气对老师说："老师！我不要妈妈帮我穿鞋子！小朋友都自己穿鞋子的！他们都笑我笨蛋，连鞋子也不会穿！不和我玩！"

跳跳的妈妈这才真的吃惊了。

缺乏生活自理的能力，让跳跳成为自己的负担，也成为他人的负担，所以他觉得不快乐，也不够自信，在生活中总是依赖他人，而依赖会慢慢成为跳跳未来人格的一部分，变得"懒于行动""惰于尝试"。

| 2 |

与跳跳完全不同的是他的同班同学小白，虽然小白来自离异家庭，但他从上学的第一天起，就自己背书包、换鞋。学习照顾自己、帮

忙做家务事,所以小白常常会跟跳跳说:"今天午餐的食材,是我昨天晚上和妈妈一起准备的。"

有些爸妈觉得孩子的主要任务是读书,并不需要做家务,可是,如果把做家务的能力运用到生活当中,不仅有助于培养自己的生活能力,更能形成良好的思考模式和习惯,培养解决问题的能力。

有一天,跳跳要切苹果,但力气不够,使出全力也压不动切苹果器。小白来帮忙,但力气也不够,他想了想,说:"我有一个办法,上次我跟爸爸一起锯木头,我们把这个东西,像使用锯子一样来回摆动,一定能切苹果。"果然,他成功了,做家务的经历,让他有了一些经验,辅助他解决生活中遇到的困难,完成创造性的实践。

而"想办法、不放弃、试试看",已经成了小白的思考模式和态度。

小白有轻微的阅读障碍,他在学习抽象符号时比较吃力,需要花费比同龄人更多的时间和精力。不过,他比较擅长影像类的记忆,老师就因材施教,用影像的方式教育他,就像老师教他用手指在珠串上,以划线的方式,数算十位数;以划点点的方式,数算个位数。

教了几次之后,小白就闭上眼,在空中画串珠(线和点),效果特别好。就这样,他常常顺应老师的方法,自己创造出另一个更适合他学习的方法。老师表扬了他,并问他:"你是怎么想到的呢?"

小白不好意思地笑了笑:"我也不知道,我只知道要一直尝试,不要放弃。"

跳跳和小白的例子,为爸妈敲响了警钟:没有天生"懒惰"的孩子,却有"懒得教"的大人,培养孩子的自理能力非常重要。

| 3 |

大人之所以"懒得教"，并不是不够爱孩子，可能是因为没时间、没耐心、太费力、不忍心等很习以为常的理由。"懒得教"，会传染懒惰，让孩子依赖爸妈，在生活琐事上变得懒惰，失去解决问题的能力。

拥有良好的生活习惯，是孩子积极向上生活的源动力。甩手爸妈要明白，把孩子培养成高分低能的"巨婴"或者"啃老族"，其实是对孩子最大的不负责任。

良好的学习习惯，是孩子取得好成绩的保障

唠叨的爸妈让孩子厌烦，

紧迫盯人的爸妈让孩子无法自由成长，

事事替孩子做主的爸妈身心俱疲，

如何省心省力地放手？

只要孩子养成了良好的学习习惯，

一切问题就迎刃而解。

| 1 |

不久前,名为《妈妈之歌》的视频在网络上爆红,一位美国妈妈将催促儿女的话写成了歌曲。

在中国家庭格局当中,常常一边是吃饭慢吞吞、做事慢吞吞的孩子,另一边是着急上火,恨不得催促生活大小事的爸妈。

催还是不催,这是个问题。

有的爸妈看到孩子在玩,会觉得玩浪费了孩子的学习时间。现在的孩子肩负着两代人的厚望,承受着父辈们没有承受过的压力。上学需要背着沉重的书包,完成学校布置的作业,还要被爸妈逼着学更多的东西,有时候甚至要学到深夜。

虽然看上去学习的时间很长,但因为过度劳累,学习效果其实很差。

| 2 |

孟梅是一个学得好、玩得也好的人。

在高考中,孟梅摘得了市高考理科第一名的桂冠,考入北京大学理科实验班。同学们都对孟梅取得的成绩感到惊讶,这个平日里嘻嘻哈哈,对学习并不是那么上心的女孩儿,怎么就考了全市第一呢?

就在不久前,因为看到孟梅一点儿也不担心,还在疯玩,同学的家长就告诫自己的孩子:"快要高考了,现在不好好复习,将来有得你哭的。别看她现在笑,高考就要哭了。"因为这样,孟梅最后连打网球的同伴也没有了,只好自己一个人对着墙壁练习击球的基本动作。

在各种各样的体育项目中，孟梅最喜欢的就是打网球，不管刮风下雨，她每到周日就去打网球，一打就是一上午。她喜欢打网球，因为这项运动让她觉得很放松。高中的学习压力很大，而网球这项运动能让她的身体感觉到放松。周日打完网球，接下去的一周她都精力充沛，读书和学习都特别有效率，但如果因为有事错过了周日的锻炼，孟梅就好像失了魂似的，做什么都没劲。

对于高考的成绩，虽然对于第一名的成绩有些意外，但孟梅也没有太惊讶，毕竟她认为自己可以拿到高分。

对于网球，孟梅完全是不折不扣的粉丝，她喜欢看法国举办的网球大满贯公开赛，她喜欢西班牙网球运动员纳达尔，如果纳达尔的比赛凑到节假日，她就会熬夜看直播。除了网球，孟梅还喜欢书法，喜欢自行车……

同学问孟梅："你有这么多课余爱好，你学习的时间有多少呢？不耽误吗？"

孟梅笑了："大脑休息的最佳方法是学习与体育锻炼、娱乐活动相互交替。欲速则不达，强迫自己在书桌面前看书，时间久了，书看不进去，注意力和记忆力反而衰退了。劳逸结合，才能达到最佳的学习效果。"

| 3 |

爱玩是每个孩子的天性，适当放松，能够让孩子得到休息，才会有不错的学习效果。许多老师也有这样的感触，那些整天坐在书桌前苦读的孩子，花费比别人更多的力气，却得不到更好的效果；那些懂得劳逸结合的孩子才能更好地调整自己的状态，获得最好的学

习体验。

当然,鼓励孩子玩,也不是让孩子一味贪玩,而是训练孩子的时间观念。

一般来说,孩子真正时间观念的养成,到了小学阶段才能具体表现出来。但是,训练却是要从小抓起。

孩子在吃饭的时候问上一次讲的故事后来怎么样了,爸妈应该告诉他现在是吃饭时间,最重要的事情是吃饭,其他的事情要等吃完饭之后再说;孩子在做作业时分心,想要去玩玩具,爸妈应该告诉他做作业是当下最重要的事,先完成作业,才能去做其他的事。

在教育孩子养成时间观念的过程中,爸妈要起到一个引导的作用,让他们明白在一个时间段里,什么是最重要的事,要优先安排重要的事。只有在生活中一点一滴进行训练,才能让孩子意识到事情要根据重要性进行排序。

比如说,如果孩子在一个小时内写完了作业,那么可以给他安排20分钟的娱乐时间,下次孩子在40分钟内完成作业并保证质量的话,娱乐时间可以适当加长放宽。这样弹性结合,张弛有度,既可以让孩子爱上学习,也可以培养孩子良好的时间观念,更重要的是让孩子学得好,玩得也好,而父母就可以"甩手"了。

良好的处世习惯，是成就孩子一生的法宝

在与人交往的过程中，

能够平和而又顺畅地沟通，

做事自然就能事半功倍，

为人处世的良好习惯，

能为孩子最大限度地避开负面影响。

| 1 |

孙科是个好强的男孩子，凡事都喜欢"斗狠"。一次，他和邻居家的小朋友因为羽毛球是否过界发生了争吵。孙科当场就开始责骂对方，对方也不甘示弱。这场"战争"虽然及时被双方父母制止了，但是孙科从院子里回来，越想越气，在家里用了他能想到的一切词语骂小朋友。

孙科的父亲见到儿子情绪如此激动，忍不住要上去教训他，但是被母亲制止了，打手势让丈夫看着儿子"表演"，只见孙科挥舞着羽毛

球拍,骂场地的线画斜了,骂小朋友故意往地上扣球,骂对方的父母偏心……

持续了半个小时后,孙科说得嘴巴都干了,也实在想不出任何可以骂人的词语了,只能气愤地站在一旁。

这时,孙科的妈妈站直身子,慢悠悠地转过头,满面灿烂的笑容,轻声说道:"你今天晚上有点儿激动,不是吗?"

孙科愣住了,自己辛苦骂了半天,没想到妈妈是这样的反应。

这时候,妈妈倒了一杯水给儿子,说:"既然你已经骂完了,现在感觉是不是好多了?"

"是的,可是……"

"那跟妈妈出去散步吧。"孙科的妈妈牵着儿子的手,走下楼,走到了邻居小朋友家的门口,只听到一阵欢声笑语传来,电视里正在放着动画片。隐约可以听到小朋友的笑声。

妈妈轻声对儿子说:"你看,你把这事情看得那么严重,可是,人家早就把这事情忘记了。你生气,是在和自己过不去。假如你刚才不生气的话,现在你也一样不会错过晚上的动画片。"

| 2 |

成年人有七情六欲,孩子也有。发现孩子产生负面情绪的时候,不能首先把责任推给别人,而必须学会让孩子首先把镜子转向自己,看看自己的心智模式有哪些不妥的地方。比如孙科的妈妈,就会教育孩子"生气是拿别人的错误惩罚自己"。

后来,孙科的妈妈还给儿子说了一个故事:

有一个年轻的农夫,划着小船,给另一个村子的村民运送自家的农产品。那天的天气酷热难耐，农夫汗流浃背，苦不堪言。他心急火燎地划着小船，希望赶紧完成运送任务，以便在天黑之前能返回家中。突然，农夫发现前面有一只小船沿河而下，迎面向自己快速驶来。眼看两只船就要撞上了，但那只船并没有丝毫避让的意思，似乎是有意要撞翻农夫的小船。

"让开，快点让开！你这个白痴！"农夫大声地向对面的船吼道，"再不让开你就要撞上我了！"

但农夫的吼叫完全没用，尽管农夫手忙脚乱地企图让开水道，但为时已晚，那只船还是重重地撞上了他的船。农夫被激怒了，他厉声斥责道："你会不会驾船，这么宽的河面，你竟然撞到了我的船上！"

当农夫怒目审视那只小船时，他吃惊地发现，小船上空无一人，听他大呼小叫、厉声斥骂的只是一只挣脱了绳索、顺河漂流的空船。

孙科的妈妈对儿子说："在多数情况下，当你责难、怒吼的时候，你的听众或许只是一只空船。那个一再惹怒你的人，绝不会因为你的斥责而改变他的航向。"

| 3 |

严于律己宽以待人，己所不欲勿施于人……祖先们留下的处世恒言时时刻刻提醒着我们，拥有良好的处世习惯是孩子必须学好的一堂人生大课。

在为人处世中，控制自己的情绪和行为的能力是衡量一个人心理健康的重要指标。

孩子的情绪问题对孩子的成长至关重要。积极的情绪能够促进孩子的身心发展，发挥孩子的潜能，而消极的情绪则会让孩子的心理不平衡,甚至影响人格建构。善于控制和调节情绪,会让孩子建立起良好的人际关系,有助于培养健全的人格。

因此,为了让孩子能够健康快乐地成长,爸妈应当让孩子学会管理自我的情绪,不要让不良情绪影响到自己,从而为他将来的成功打下坚实的基础。

良好的行为习惯,是造福孩子一生的源泉

凡事预则立不预则废,

无论做什么事,

都要孩子提前做好计划,

养成良好的行为习惯,

孩子才能有条不紊地迎接生命的挑战。

| 1 |

泽泽既听话又懂事,会为自己制定学习和生活计划,而且也能落实计划。但是泽泽妈妈最近发现,泽泽有些事情做得不好,甚至不能

令她满意。经过一段时间的观察，泽泽妈妈认为是泽泽制定的计划本身有问题，有些标准不高，而有些缺乏合理性。

于是，泽泽妈妈开始每天晚上找泽泽聊天，引导泽泽回想：今天做了哪些比较满意的事，为什么满意？哪些事没有做好，为什么不好？在妈妈的不断引导下，泽泽开始认真思考和反省，慢慢找到了满意或者不满意的原因，而后又找到了改进的方法，从一开始不合理到慢慢合理。

坚持了几天，泽泽感受到了以前从未感受过的成就感。妈妈看着泽泽的进步，赞许地点点头："泽泽，以后每天晚上睡觉之前，把今天发生的事情好好想一遍。做得好的事，找出原因，积累经验；做得不好的事情，找出原因，并且想出避免产生问题的方法。"

泽泽真的这么做了，他每天睡觉之前都会对自己今天做过的事情进行反思，并且把其中遇到的问题写在日记本上，连同问题的处理方式也写上。渐渐地，泽泽做事情越来越好，对自己也越来越满意，无论做什么事，他都一边做一边检查，发现问题及时解决。最近，泽泽发现自己的学习成绩有了明显的提高，同学关系也处理得越来越好，妈妈对自己更加满意了。

看着孩子一步步走向完美，那感觉真是妙不可言，泽泽妈妈感叹："泽泽现在才算是真正学会按照计划做事了，因为他已经懂得随时检查、修正自己的计划。只有计划合理，再认真落实，事情才能越做越好。"

检查、反思习惯，是计划得到执行的保证。

| 2 |

楚涵从小跟着奶奶长大，但凡有风吹草动，奶奶总能敏感地发

现。上小学的时候,奶奶觉得楚涵特别不对劲,经常是想到什么就做什么,而且经常一件事做不到三分钟,就跑去做另一件事,最后所有的事情都是乱七八糟的。奶奶常常帮她收拾烂摊子,被折腾得焦头烂额的。

有一天,楚涵正在看电视,见电视里的小朋友玩电动娃娃,就跟奶奶嚷着要电动娃娃,非要奶奶去买不可。奶奶费力地买回电动娃娃,楚涵只玩了一会儿,又跟奶奶说要画画。奶奶翻箱倒柜找出画笔和纸,她胡乱涂了两下,又说要吃巧克力,逼得奶奶不得不再次下楼。那一天,奶奶楼上楼下跑了十多趟,腿都软了。奶奶想,楚涵这样"想一出是一出"可不行,一定要让她学会做事有计划,不然在学校里麻烦会更多。奶奶没退休的时候曾经在图书馆工作,对于查资料非常在行。奶奶觉得需要让孩子学会系统思维,把一天要做的事情理清楚,然后提前做好方案,并且按照方案去做事。

每天晚上睡觉之前,奶奶都会到楚涵房间里,问她明天准备做什么事。一开始的时候,楚涵就摇头摆手:"奶奶,都晚上了,明天再说吧。"很长一段时间,她总这样说,奶奶觉得这样不行,就劝楚涵:"明天再说,也行。但是如果你明天告诉奶奶你想吃冰激凌,奶奶可买不到,不提前准备,奶奶做不了。你只有把想做的事情都提前计划好,才能好好安排。"听奶奶这么说,楚涵静下心来想,但总是想了这里忘了那里。于是奶奶说:"今天奶奶先帮你计划,明天你就按照奶奶的模板计划后天的,怎么样?"

楚涵点了点头,她觉得自己想得不够全面。

奶奶帮楚涵制订了第二天的计划:8点起床,15分钟收拾卧室,穿衣服,10分钟刷牙洗脸,20分钟吃早餐,30分钟看动画片……听着奶奶一条条的计划,楚涵认真地点点头。

在奶奶的指导和督促下,楚涵很有计划地度过了第二天,到晚上睡觉的时候,奶奶问:"这样有计划做事的感觉怎么样?"

楚涵由衷地说:"很好。"

奶奶趁机引导:"那你现在把明天要做的事情想好,告诉奶奶。"

楚涵想了一会儿,把想做的事情都写在了纸上,做了人生中第一张计划表。坚持了几天之后,她已经不用奶奶提醒就能在睡觉之前把第二天要做的事情计划一遍了。

开学以后,楚涵做事有计划的习惯依然保持,还竞选上了班里的生活委员。班里的很多活动都由她来安排,她都安排得井井有条。因为楚涵做事有计划,时间利用率很高,虽然与学习无关的工作很多,但是学习成绩依然很好。说起这个,奶奶从心底里高兴,这都是做事有计划的结果,而要想让孩子学会做事有计划,就得让孩子先有系统的思维。

| 3 |

无论是一件多么小的事情,都要让孩子有计划意识。做计划,从来不是一个简单的程序,而是一种锻炼孩子形成严谨态度的手段,也是一个让孩子具备独立做事能力的机会。

身边点点滴滴的小事,或者关系一生的目标追求,计划都是不可或缺的。

在日常生活中,爸妈要向孩子强调计划的重要性,并让孩子制定各项行为的计划。当然,制定这些计划的时候,爸妈一定要参与进来,因为孩子小,自制力差,爸妈参与进来起监督作用,有助于孩子实施计划。

做事有计划，是一个人工作、学习、生活的良好习惯，也是一种积极的生活态度。爸妈应该从小对孩子进行培养，让他们养成系统思维、制订计划、检查反思的良好习惯。

良好的理财习惯，给孩子创造财富的能力

你不理财财不理你，

从小培养孩子的财商，

不仅能让他们体会到钱财的来之不易，

还能更加理性地面对金钱，

更能抵御来自外界的物质诱惑。

| 1 |

甩手爸妈要告诉孩子：理财从节俭开始。节俭并不是穷人的专利，越有钱的人越节俭，这是一个全世界通行的共识。

"股神"巴菲特，是一位地道的节俭高手，一个钱包用了20年。他甚至不放过10美分，有一次，华盛顿邮报的发行人葛兰姆在机场，向

巴菲特借10美分打电话，没想到的是巴菲特竟然拿着25美分的硬币到处去兑换。巴菲特衣食住行十分节俭，现在仍然居住在1958年买的旧房子里，所穿的西服也是旧的，开的车子也是旧的。

比尔·盖茨可谓富可敌国，但他会节省停车费。有一次去参加一个聚会，由于晚到一步，停车场没有了停车位。和盖茨一同去参加聚会的朋友要把车停到旁边的贵族停车场（以分钟为单位计费），而且说停车费由他来支付。但盖茨认为费用太贵了，坚决不同意，最后把车开到更远处的车位。

2009年的俄罗斯首富米哈伊尔·普罗霍罗夫是一位拥有143亿美元的巨富，但也很节俭。2010年5月，NBA批准他去正式收购新泽西篮网队时，有记者问他："你的家是怎样的？公寓还是别墅？"米哈伊尔·普罗霍罗夫回答说："那是一个很小的套房，有超过30年、大概35年的时间里我都住在45平方米的房子里，那真的是很小的。"不仅许多男性超级富豪讲求节俭，一些女富豪们也十分节俭。例如，在美国，女性富豪们的生活都很节俭。通常情况下，她们的生活水准都低于她们的收入水平。女富豪们对贵重的东西也没有太强烈的渴求。调查显示，有一半的女富豪从来不买价格在139美元以上的鞋，或是超过399美元的套装；58%的女性富豪依旧使用剪下来的优惠券购买日用品，还有许多女富豪都曾经补过鞋。

超级富翁们的节俭，给我们一个启示：在节制中成就财富。

节俭是无论什么时候都不能抛弃的美德。节俭并不代表不热爱生活，而是用一种更理性的态度去享受生活。

| 2 |

美国有一门专门针对少儿理财的课程，教学目标根据年龄段划分：3岁的小孩要能辨认硬币和纸币；5岁的小孩要知道硬币的等价物，并了解钱是怎样产生的；7岁的小孩要能看懂价格标签，并产生"钱能换物"的概念；8岁的小孩要能知道自己可以通过劳动赚钱，也要知道钱能够存进银行的储蓄账户里；10岁的小孩要能每周存钱，以备不时之需；12岁的小孩要能够制定两周以上的开销计划，并理解银行业务中的专业术语……

孩子越早接触到钱的概念，学会理财，长大后才更能赚钱，而在小时候，爸妈要学会教育孩子合理地花钱、理财。当孩子真正理解了节俭的意义之后，才能正确地节约，才能学会将来不可忽视的必备生存条件——赚钱能力和理财观念，才能攀登上人生的财富高峰。

甩手爸妈在对孩子节能型理财教育时，可以做做孩子的"债主"。

如果孩子主动向爸妈借钱，那是一件值得庆幸的事。因为在社会当中，如果一个孩子没有借贷经验，或者信贷习惯不好，成人后容易掉进铺天盖地的以信用卡、学生借贷和各种消费借贷形式出现的陷阱中不能自拔，弄得自己入不敷出。

如果孩子在小时候养成了良好的信用借贷习惯，在掉进陷阱之前，他会反复考虑背负这些债款是否值得。这般，他们在长大后才能更快地获得经济独立，才能更好地在这个信用消费的社会如鱼得水。

爸妈在孩子问自己借钱时，应坦然地与他签订一份正正规规的借贷合同，然后把钱借给他。在这个过程中，孩子能够体验到提前借钱消费，再花几个月还钱的感受，他也会明白债务是一份责任，也能更好地承担这份责任。

良好的健康习惯，身体是所有活动的基础因素

身体健康是一切成功的前提，

没有健康的体魄，

就不可能拥有快乐幸福的人生，

从小让孩子养成良好的健康习惯，

才不会让孩子在拼搏奋斗时力不从心。

| 1 |

孙伟以前从来都认为爸妈最大的愿望就是他能学有所成、功成名就，不过经历了一件事之后他推翻了这一认识，原来还有一样东西在爸妈心中是凌驾于一切事物之上的，那就是他的健康。

孙伟带着全家人的无限期望迈进了重点高中的那扇大门。不过，

三个月后他却又原路返回了,他从来没有想到,高中紧张的学习生活是那么残酷,每次测试都像是一场战争。他是一个学习的好手却不是一个好战士,厮杀中总是免不了节节后退,和"战友"总是不能打成一片,以至于被同学们排斥在外。封闭的寄宿学校封堵了他回家向父亲倾诉发泄的道路,"战斗"才刚刚开始孙伟就得了令人闻之生畏的病——抑郁症。

孙伟的爸妈不曾想到,将来前途会是一片光明的健康的儿子会在短短的3个月时间患上抑郁症。这对已到中年的夫妇永远都忘不了那个阴霾的午后,他们接到老师打来的电话,急忙赶到学校后看到的情景:灰头垢面、头发油腻凌乱的儿子瑟缩地蹲在宿舍厕所的一角,见到自己爸爸妈妈时,空洞的双眼充满了委屈,却哭不出来。

跟爸妈回家之后的孙伟,精神依然异常萎靡,身体极度衰弱,常常看着某处一动不动一整天。面对呆呆的孙伟,妈妈时常失控地痛哭出声,抱着儿子哭诉:"儿子,快好起来吧,妈妈爸爸总有离你而去的一天,在的时候能够照顾你,一旦去了,你这个样子,可怎么办啊!"

孙伟的爸妈不敢放他一个人在家,妈妈干脆辞去了工作,孙爸爸也放弃了晋升的大好机会,申请休假半年陪着孙伟看病。

| 2 |

爸妈详细了解了孙伟在学校的情况之后,毅然决然地帮儿子做了一个决定——退学。好不容易考上的重点高中,就这样被爸爸妈妈毫不犹豫地舍弃了。在详细咨询之后,孙伟的爸妈给他找到了一家有名的治疗抑郁症的医院,治疗还算顺利,只不过孙伟对医生开的药有很大的排斥感。每当吃药时,他都异常排斥。爸妈为了他不受刺激,只

能苦思冥想地找办法，或者把药放进牛奶里或者等到孙伟睡着了把药用水溶解，用吸管倒进儿子的口中。

医嘱说要给孙伟营造一个温馨的氛围，夫妻俩就会到处搜集笑话，装作不经意地在儿子的面前讲给他听，还会强颜欢笑地故作好笑乐上一乐。有时候孙伟会有点儿被逗乐的反应，这时候老两口会发自内心地笑出来；有时候孙伟一点儿反应都没有，那强颜的笑会变得更加苦涩。

经过一段时间的药物治疗之后，病情有了起色，医生建议最好能带着孙伟出去旅游，看看山河开阔一下视野和心胸，这样有利于治愈。夫妻俩一听，二话不说赶紧收拾行囊，带着儿子外出旅游去了，哪里景好去哪儿。全国各地的名胜景点都玩了个遍，果然对孙伟的病情很有帮助，这些都是他从来没有接触到的新鲜事物，看着蓝天、青山、绿水、红花，人也仿佛重生了一般，心灵接受了一次洗礼与净化。

几个月以后父母花掉了大半积蓄，不过换来的结果是让人欣慰的，孙伟经医生确诊已经从抑郁症中走出来了，而且性格变得活泼开朗多了。此时的爸妈，终于展开了愁眉，长长地舒了一口气。

后来，孙伟问爸妈，怎么能那么痛快地就给他办理了退学，不觉得可惜吗？爸妈的话让孙伟永生难忘，他们说："有什么是比儿子健康更重要的呢！"

| 3 |

望子成龙，望女成凤，爸妈再多的期望在孩子孱弱的身体面前只能化成泡影。为了孩子美好的未来，在抓素质抓教育抓智商抓情商等等之前，最重要的是给孩子一个好的体魄。从小给孩子养成良好的健

康习惯,是实现一切美好愿望的基础。即使孩子无法成为最优秀的那一部分,至少他还会有健康的身体,一样可以拥有幸福。

良好的安全习惯,让孩子能够保护好自己

远离危险,

安全第一,

既是老生常谈,

又至关重要。

没有安全意识的孩子,

随时都会面临各种意外的侵害。

| 1 |

据有关调查显示,平均每年都有大约两万名14岁以下的孩子非正常死亡,而导致他们非正常死亡的最大原因是交通事故。另外研究人员还发现,大部分的事故发生在家里或者家的周围。因为孩子一回到家里,爸妈就放松了警惕,认为孩子没有什么危险了。更糟糕的是,

孩子没有相应的自我保护意识，这导致一些事故频繁地发生在家里——这个本是爸妈认为最安全的地方。其实最安全的方法，是让他们学会自我保护。

小虎是个六年级的孩子，他很贪玩，但是父母对他非常放心，因为孩子的自我保护能力很强。有一次，小虎在同学家玩到将近九点才想到回家。同学家离他家不远，但是要穿过一条车流人流比较少的街道。九点的时候这条路上的灯火都已经熄灭了，他一个人走在路上，突然感觉身后有一个黑影闪来闪去，他知道这个人肯定有什么企图，要不然不会这么鬼鬼祟祟的。他迅速使自己冷静下来，分析现在离家还有一段距离，跑肯定会让对方追上。他想既然逃不了，那就不逃了。他转过身，用非常惊喜的口气喊道："爸爸，你还真快呢！"那个人没有说话。

小虎装作不好意思地笑了笑说："不好意思，叔叔，我还以为我爸爸追上我了呢！"那人心里有鬼，支支吾吾地说了点什么，便快步超过了他，逃走了。见那人走了，小虎才感觉自己腿都要软了。

自我保护教育是素质教育的基本内容。如果孩子连自己的生命都保护不了，谈什么长大成才呢？孩子学会自我保护是他们进入社会、适应社会必须学习的第一课。

| 2 |

因为孩子的生活经验和社会阅历非常少，所以常常与危险相伴，所以爸妈要从小教给孩子一些必要的安全防范知识。培养孩子的安全意识，也是成长中不可或缺的重要一课。

有些爸妈或许还没有意识到安全教育的意义，那就让我们来看一组数据吧。

据了解，我国平均每年因安全事故、食物中毒、溺水、自杀等死亡的孩子大约有1.6万人，平均每天有40多人，就是说，几乎每天都有一个班的鲜活的生命消失在我们身边。

另据我国疾病检测和伤害流行病学调查的结果测算，估计全国每年约4000万孩子遭受各种意外伤害。

这是一个多么惊人的数字啊！消失的生命时时敲响安全的警钟。对于普天下的爸妈来说，孩子可谓自己生命的全部，但遗憾的是，尽管教育部门和媒体一再就学生假期安全发出警示，每年还是会有类似的悲剧上演。

要知道，生活中潜在的不安全因素来自各个方面，比如出行、玩耍、煤气、水、电、雷雨，还有不法分子的抢劫、拐骗、欺辱等。因此爸妈们就要在平时的日常生活中，反复地告诉、提醒孩子需要注意的问题，给孩子讲述一些预防的方法，并告诉孩子如果发生意外，应该采取怎样的措施来实现自救等。在不断的灌输中，使这些安全防范常识深深地在孩子心中扎根。

| 3 |

危险和灾害很多时候不可避免，人们唯一能做的就是学会在危急时刻逃生，这不仅仅是一种生存能力，更是对生命的尊重。

珍爱生命，发挥生命能量，提升生命质量，是教育的终极目标。学校开设的安全教育是希望通过安全知识宣传唤醒学生的生命意识，提高学生的生存技能，促进学生的生命发展，展现生命历程的完整与充实，这是很有必要的。

第七章

甩手爸妈，不吼不叫养出好孩子

熊孩子,怎么教?

没有永远的熊孩子,

只有教不好熊孩子的父母。

淘气是孩子的天性,

因为孩子淘气而又重新回到管教压制孩子的老路上,

是一种愚蠢透顶的做法。

| 1 |

调皮、好动几乎是每个儿童的天性。吉米小时候,就和很多男孩一样,不仅喜欢搞破坏,也常调皮捣蛋,让人十分头疼。

吉米喜欢画画,但是他不在妈妈为他精心准备的画本和画板上画,偏偏喜欢在屋子的墙壁上、柜子上即兴创作,"杰作"随处可见,吉米画完后还拉着妈妈的手,问:"妈妈,你看我画得怎么样呀?"吉米妈妈笑着说:"画得好,不过要是能画在画纸上就更好了。"可是,吉米依旧到处乱画。

吉米的生活习惯也是乱七八糟，吉米妈妈喜欢把家里收拾得井井有条，但吉米喜欢随处乱放他的玩具，客厅里处处都堆着他的东西。

吉米最让妈妈难以忍受的是他的"人来疯"，但凡家里有客人来，他总能玩得热火朝天的，又是地上打滚又是桌上乱爬，闹得不可开交。

尽管吉米闹闹腾腾，但吉米妈妈为了让孩子正向成长，从来不要家长的权威，从不用管教的方式规定这规定那，而是尽量"放养"，由着孩子去。只是，事情并没有像吉米妈妈想的那样发展，上小学后的吉米还是惹了一堆的麻烦。

上课不专心，打扰同学是常有的事。最过分的是有一次他揪前面女同学的小辫子。女同学哭着告诉老师了。他为了报复女同学，在她正准备坐下的时候抽开凳子，导致女同学一屁股坐到了地上，额头被磕破，流了很多血。

吉米妈妈自然免不了道歉、赔医药费，还收到了学校的警告，如果吉米再不听管教，就要劝其转学。爸爸从学校回来后，狠狠教训了吉米一顿，打得鬼哭狼嚎，甚至还对吉米妈妈生气："如果不是你惯着，他怎么会变成这样？再这样下去，他跟街头上的混混有什么两样？"

| 2 |

根据心理学专家的研究，顽皮、淘气、荒唐和放荡不羁，所作所为时逾常规和处事不固执，性格较幽默但带有嬉戏态度是大多数自觉行为及创造力强的儿童具备的三个特点，这也是导致许多优秀儿童

都很调皮捣蛋的原因。

那么，面对孩子调皮捣蛋的行为，爸妈应该怎么做呢？

吉米妈妈等丈夫气消后，讲了一个故事。

诺贝尔生物学获得者卡哈尔小时候也是个淘气大王。一会儿在墙上涂鸦，一会儿上树掏鸟，一会儿又上房揭瓦，整天在外惹是生非，弄得学校和家长都非常头痛，训斥、禁闭都用上了，可到时还是老样子。有一次卡哈尔用自制的弹弓射伤了邻居家的孩子，闯下了大祸，警察把他抓去拘留了三天。卡哈尔的父亲是位大学教授，这次可真生气了，中断了儿子的学习，决定对儿子严加管教，逼迫他去学理发和修鞋："像你这么调皮捣蛋以后也只能干这些了！"

在卡哈尔两年学徒期间，父亲也处在痛苦的反思之中。经过这段时间的思考他终于明白了过来，于是他立即改弦更张把儿子接回了家，并亲自执教，这才成就了今天的卡哈尔。

丈夫听完故事后，重重地叹了一口气，什么话也没有说。吉米妈妈非常激动地说："我希望你知道，你不该因为吉米闯过祸就把吉米定义为街头混混。这也是为什么我在生活中放纵吉米，我们不能因为一时的现象而彻底否定孩子。当然，通过今天这件事，我也知道吉米闯祸虽然有偶然性，但是也跟我的正面引导不够有关。"

吉米在遭到爸爸的一顿打之后，老实了许多，但上课三心二意的毛病还是时有发生，调皮捣蛋的天性始终在。到了初中，吉米的小尾巴又慢慢露了出来。

吉米的初中语文老师说话带有很重的鼻音。每次下课，老师前脚刚出教室，吉米就立马走上讲台，学着语文老师的样子，捏着鼻子，阴阳怪气地讲课，惹得哄堂大笑。有一次，吉米正在即兴表演，被半路折回的语文老师撞上了，吉米挨了一顿批判，吉米妈妈又被请到了学校。

这一次，吉米妈妈依旧没有狠狠地批判吉米，她在领着吉米回家的路上，问："你觉得你学语文老师的鼻音，对不对？"

吉米想了想，嘟囔道："为什么不对？电视里很多人扮演著名人物，您还说演得好呢，我扮演语文老师难道不可以吗？"

"你说得对。可是他们在扮演著名人物的时候，也跟你一样捏着鼻子，阴阳怪气？"

吉米不说话了，低下了头。

妈妈趁机又说："如果有人跟你一样扮演著名人物，你觉得这样的行为对他们是尊重吗？"

"不尊重。"吉米的声音很轻。

"所以，你扮演语文老师……"

"对老师不尊重。对不起，我错了……"

| 3 |

其实，只要孩子的顽皮不太出格，就不必用管教的方式限制太多，以免孩子长大后处处看大人的眼色行事，性格唯唯诺诺的。但很多中国爸妈并没有意识到这一点。

很多儿童心理专家指出，淘气是孩子的天性，因为孩子淘气，而走到管教、压制孩子的道路上，是一种愚蠢透顶的做法。所谓的"熊孩子"，只要父母在相对尊重和理解的基础上教育孩子，并加以正向引导，没有教不好的。

163

童心无价，请认真守护它

童心是非常宝贵的财富，

永葆童心是无数人梦寐以求的事，

当我们对孩子"拔苗助长"时，

不仅会扼杀孩子的纯真童心，

还磨灭了孩子对世界的好奇心与求知欲。

| 1 |

瑞恩出生于加拿大的一个普通家庭，他6岁，上小学一年级。有一次上课，老师在讲述非洲当地的生活状态，那儿的孩子不仅没有玩具，更没有足够的食物和药物，甚至很多人都喝不上干净的水，很多人因为喝了有污染的水而死。

瑞恩听到老师说："我们现在用的每一分钱都能够帮助到非洲地区的人，1分钱可以买一支铅笔，60分钱就能帮助一个孩子支付两个月的医药开销，2加元就能买一块毯子，70加元就能帮助他们挖一口井……"他十分震惊，心中顿时萌发了为非洲的孩子挖一口井的想法。

瑞恩的妈妈听说了瑞恩的想法，笑了笑，但她没有认为瑞恩是三分钟热度，而是认真地说："家里没有那么多钱，你要捐70加元的想法很好，但妈妈认为你要自己付出劳动来获得这笔钱。从现在起，你做的每一份家务活，都可以折合成工资，妈妈相信你慢慢积攒，一定可以积攒到70加元。"

于是，瑞恩开始承担家务。兄弟们出去玩了，他在家打扫两个小时卫生赚了2加元；一家人出去过圣诞节，他在家擦玻璃又赚到了2加元；有时候一大早起床帮爷爷除草；有时候下雪了，帮助邻居铲雪……

就这样，四个月过去了，瑞恩攒够了70加元，他兴奋地交给了国际组织，但工作人员却告诉他："小朋友，70加元只能买一个水泵，挖一口井需要2000加元。"

瑞恩尽管很沮丧，但他没有放弃，继续努力赚钱。过了一年多，在家人和朋友的帮助下，瑞恩终于攒够了2000加元，在乌干达的安格鲁小学附近捐助了一口水井。

事情到这，并没有结束。非洲那么大，还有很多人喝不到干净的水，瑞恩决定攒钱买一台钻井机，这样才能挖更多的水井，让每一个非洲人都喝上干净的水。瑞恩一直在坚持着这个梦想，后来，他的故事被登在了报纸上。

五年后，这个当初只是一个6岁孩子的梦想，吸引了成千上万的人参加进来，名为"瑞恩的井"基金会正式成立。如今，基金会的筹款已经达到近百万加元，在非洲造了30多口井。瑞恩因此被评为"北美洲十大少年英雄"和"加拿大的灵魂"，他影响着越来越多的人去帮助和关爱他人。

在故事的开始，瑞恩的妈妈不是替孩子承担，不是替孩子去实现爱心，而是让孩子要为他的爱心付出一份诚实的劳动。这样才是他真正的爱心，他是用自己的努力，去实现自己的目标，所以说之所以有瑞恩精神的出现，是因为他有一个伟大的妈妈。

瑞恩被大众知晓后，有了很大的名气，但他的爸妈为了不让孩子在荣誉光环之下变得飘飘然，能像一个正常孩子一样成长，他们削减了很多活动，以便瑞恩保持着最初的那份爱心。

| 2 |

有一年的国庆节，小学生黄炜随妈妈去广州旅游，出发时，家乡福州的气温不高，黄炜在妈妈的要求下多穿了一件夹克衫。到了广州，没想到温度特别高，他只能把外套塞进手提包里，显得很累赘。

从广州回来之后，黄炜整理行李时看到自己带去的外套，突然在想，外出旅游的日子很多，衣服带多了容易累赘，带少了又怕天气骤变，有没有折中的办法？有一天，他早晨去上学，拿起书包，突然有了灵感，如果把外套改装成背包，是不是一举两得？虽然爸爸妈妈和同学们都觉得这是异想天开，但这个想法却得到了科技指导老师的重视。

妈妈虽然不赞同，但还是尊重黄炜的想法。她陪着黄炜在商场里买了夹克衫、书包、拉链及钥匙扣等材料，黄炜连夜绘图、测算，他先把衣服的袖子藏起来，拉上拉链，把衣服上下封死，再加上两条背带，神奇的背包御寒两用夹克衫正式"出炉"。

这大背包是防水布的面料，拉开拉链，抖两下，背包就成了一件夹克衫。

隔年，全国发明展会在昆明举行，黄炜的"背包御寒两用夹克衫"参展，在45个展出团展出的1700多项各类发明项目中脱颖而出，获得金奖。展会组委会还特别强调，"背包御寒两用夹克衫"具有较高的科学性和实用性，一旦投入市场，必然受到旅游者的追捧，因而特别授予黄炜"青少年发明奖"。

之后，在老师的指导下，黄炜为"背包御寒两用夹克衫"申请了专利，"胡思乱想"就成了"奇思妙想"。

孩子经常会有一些奇怪的想法和念头。这些想法也许看起来很荒唐，甚至不着边际，却是孩子创造性思维的体现。爸妈应鼓励、赏识孩子的奇思妙想，并引导他按照自己的想法去试试看。

| 3 |

虽然孩子年纪小，没有成人的知识和经验，但是因为没有这些固定的"思维模式"，所以会具备更丰富的想象力。想象力需要的土壤是宽容的、自由的和多样化的，所以当孩子正在思考一个你觉得不是问题的问题时，请让他自由地"奇思妙想"吧。

因此，当孩子以自己的奇怪想法做出超出常规的事时，只要不是危险或负面的行为，甩手爸妈就应给予鼓励。即使孩子的行为被众人不屑，你也应该做出正面、积极的评价，引导他继续思考，找到改进的方法。这样才能使孩子刚刚破土而出的想象力、创造力的幼苗得到保护，茁壮成长。

保护孩子的兴趣,孩子会更出色

人云亦云,

盲目焦虑,

在升学的大潮中随波逐流,

赶着自家孩子疲于奔命,

这是目前中国绝大多数爸妈的真实状态。

可甩手爸妈都知道——

兴趣才是学习的最佳催化剂,

保护孩子学习的兴趣高于一切分数的衡量。

| 1 |

薇儿上小学四年级,学习成绩还算可以,在班级排名第十左右。

薇儿的妈妈大概花了一年左右的时间来观察薇儿,发现女儿的成绩很稳定,上下的波动不大,再怎么努力也进不去前八,考试题难或是稍不用心,也出不了十二三名。于是,明智的妈妈不再和自己较劲，也不再和女儿较劲了。

但没过多久，妈妈不经意间发现，薇儿对书法感兴趣，特别是最近这段时间她在钻研篆刻。原来，薇儿在语文课上听到老师讲古文字的知识，觉得很感兴趣，上网查了一些资料，觉得篆刻很有意思，就用零花钱买了这方面的书，可是石料、工具太贵了，薇儿想现在自己又不太懂，等以后再买吧。她想了个办法，先用美工刀在橡皮上划，虽然这样并不能真正地练习篆刻，但自己现在感兴趣的是文字，留个纪念也好。

在妈妈的询问下，薇儿把自己的这些想法告诉了妈妈。妈妈感觉女儿真的长大了，有自己的想法了。妈妈告诉薇儿，很支持她。妈妈给薇儿买来了毛边纸、毛笔、墨汁和颜真卿的书法字帖。

就这样，薇儿的兴趣加上妈妈的支持与鼓励，学习古文字与书法的热情更高了。

在这个学期期末的家长会上，薇儿的老师对妈妈说："薇儿的成绩总是得不到提高，我和其他科的老师很是着急啊。我们做老师和家长的一定要好好配合，让孩子的成绩提高上去。"可薇儿的妈妈却说："我作为妈妈，早已经观察了一段不短的时间了。薇儿很努力，我也发现了她其他方面的优势，我会和老师一起多多鼓励她的。"

后来的薇儿，成绩还是一直很稳定，没有大的起色，也没有落后，可是她却因为找到了自己的兴趣与兴奋点而变得更有信心、更加积极了，她的书法也越练越好了。

拥有这样爸妈的孩子是幸福的。这样的爸妈会尽己所能地帮助孩子认识到真正的自我优势与价值。每个人在做自己的时候最自信，最有成就感，当然孩子也不例外。他会感受到来自爸妈的信赖与认可，在自己擅长的领域开心、快乐地争取到最好的位置，不是为了炫耀,也不是为了名利,只是因为想成为自己,发挥出自己的最佳优势与潜能。

| 2 |

邻居的女儿思思上三年级时,因为贪玩,学习成绩退步严重,老师请家长的次数日益频繁,每次请家长的理由都一样:孩子成绩这么差,家长一定要抓紧。思思妈妈在老师面前信誓旦旦地保证,一定会好好管教孩子,但在心中却嘀咕:"我不能打着应试教育的旗帜,把考试成绩作为衡量的唯一标杆。"

走在回家的路上,思思妈妈一直跟自己对话,她要求自己回到家不能指责思思,因为她知道女儿并不比别人笨,只是对学习的兴趣不高,她需要的是鼓励。心理准备做得很充分,推开家门时,思思站在门口眼神闪躲,小声地问:"妈妈,老师跟你说什么了?"

思思妈妈表情温暖如春,笑嘻嘻地说:"老师夸你了,说你上课专心,作业总是按时完成,就是理解力有点跟不上,但老师说了,这对你来说不是问题。"

"真的吗?"思思的眼神都亮了,"老师真的这样说我?"

思思妈妈认真地点了点头,思思这才如释重负,走到书桌前,认真写起作业。

三年级这两个学期,老师一共请了7次家长,但每一次,思思妈妈都不告老师的"状",而是给思思一个鼓励的微笑,一些鼓励的话语。

升入四年级后,有一天,思思对妈妈说:"妈妈,我今天数学终于考了100分,老师找我谈话时,我才知道,原来老师一直要求你批评我,可你却一直在鼓励我……谢谢妈妈!"

| 3 |

甩手爸妈不会急功近利地追赶成功的潮流，逼着孩子去向许多高难度的事情挑战。

如果孩子有自己的兴趣、爱好，有自己的想法，就应脚踏实地地为自己的理想和目标一步一步地去努力。甩手爸妈会抵住社会上那些所谓的成功标准与条条框框，帮助孩子实现他的愿望，让孩子按照自己的个性自由成长，将孩子身上特有的天性发挥得淋漓尽致，最终让孩子成为他自己，做他自己。这难道不是作为爸妈的我们最应该为孩子做的头等大事吗？

懂得换位，站在孩子的高度看世界

你知道吗？

在指责中长大的孩子，将来容易怨天尤人；

在嘲讽中长大的孩子，将来容易消极退缩；

在鼓励中长大的孩子，将来会满怀信心；

在知识中长大的孩子，将来会明白事理。

| 1 |

潇潇是个上进心很强的女孩。一天,潇潇拿着刚刚发下来的数学试卷和妈妈说:"妈妈,我是不是很笨呀?为什么每次都考得这么差?"

"没关系,下次考得好点儿,不就可以了吗?"妈妈笑着对潇潇说。看着还是很不高兴的女儿,妈妈接着说:"你知道其他同学为什么考那么好吗?"

"他们比我聪明?"女儿赌气地说。

"那么,聪明在哪里?"妈妈依旧和颜悦色。

"他们做作业很仔细,而且有时一道题目,他们还会提出好多不同的解法。"女儿认真地想了想,回答说。

"这不是比你聪明,而是比你努力,每个人的成绩都是通过自己的努力换来的,你不要觉得成绩好的孩子就一定比你聪明,他们只是比你用功,想得多,做得仔细。"

"那妈妈,是不是我只要用功地学习,也就可以考一个好的成绩呀?"女儿眼睛一亮。

"当然了,还有,学习方法也是很重要的。可以多问问他们,为什么一道题目会有那么多的想法,你为什么想不到,相信他们一定乐意教你的。"妈妈笑着总结。

听完妈妈的话,潇潇高兴地回屋看书去了。

现在独生子女居多,很多爸妈为了保护孩子,不让他们承受任何压力,但这其实是一个误区,因为任何能够取得一定成就的道路上总会伴随着曲折和艰辛。想要取得好成绩和高成就,就必须努力,就必须付出劳动,这是每一个孩子需要承担的责任。

带孩子仔细观察身边的人，会发现天下没有掉馅饼的事，所有取得一定成就的人，都必须付出艰苦的努力，也只有通过自身的不懈努力，才有成功的可能。学习也是一样的，没有谁不是从一大堆家庭作业中挣扎过来的，没有谁不是从一场场考试中拼搏出来的。在这个过程中，需要爸妈不断地鼓励，帮助孩子克服困难，努力坚持。

| 2 |

晴天是一个很活泼的孩子，每天放学回家都会把学校里发生的好玩的事说给爸爸听，但最近他好像变了一个人似的，从前活泼开朗、积极发言的他变得沉默寡言了，常常一个人发呆，学习成绩也退步了。

后来经过了解，老师才知道晴天不爱说话的原因。晴天的爸爸把全部的希望都寄托在晴天身上，希望他能考上大学，出人头地，所以对晴天要求非常严格，学习抓得特别紧。每次当晴天跟爸爸说学校里发生的趣事时，爸爸都表现出一副不耐烦的样子，说："整天只知道说这些废话，什么用都没有，还不快点去读书。"有好几次，晴天正说到一半，都被爸爸打断了。慢慢地，晴天不再说话了，每次放学回到家立刻就躲到自己的房间里，性格也变得沉默了。

爸妈耐心倾听孩子的情绪，对于孩子的性格养成有非常重要的作用，而且能够加深亲子关系，增强孩子的自信心和安全感。

当孩子说话时，无论多忙，爸妈的眼睛一定要看着孩子，表现出倾听兴趣，让孩子发表他们的观点，听他完整地说完话，不要随意打断孩子的话。如果你不同意他的看法，应该指出，并说出理由；如果你提出反对意见，不能太武断，不能否定一切。

| 3 |

当你专心致志地听对方讲话时，对方一定会产生一种被重视的感觉，如此便会拉近谈话双方的距离。每个人都想要得到别人的尊重，那换位思考，我们要先尊重别人。

甩手爸妈会经常换位思考：如果自己处于孩子的位置会怎么做怎么想？遇到事情应该怎么处理？讲给孩子的道理，在当下孩子是不是能够理解？换一个角度看待孩子的成长问题，我们与孩子的沟通就会顺畅很多。

说话有技巧，让沟通更顺畅有效

嘴巴甜会说话的孩子惹人疼，

会说话擅沟通的爸妈孩子当然更喜欢，

每天回家跟孩子好好说说话聊聊天，

胜过无数绞尽脑汁的苦口婆心。

| 1 |

很多爸妈都希望听听孩子的心里话，网络上有一个论坛，里面记录了孩子对于他们的唠叨爸妈的"吐槽"。

"我妈妈太唠叨，而且她不知道什么时候会开始唠叨，我得时刻准备着，等她一旦唠叨了，没有半个小时是不会结束的，重要的是，话说来说去只有那么几句。这些年，我一直活在妈妈的唠叨当中，有时候我真的怕了她。如果世界上有唠叨大会的话，妈妈一定拿世界第一。"

"爸爸的唠叨呢，跟生活没有多大关系，全在学习上。他很重视我的学习，每天都叫我好好学习，学海无涯苦作舟，头悬梁锥刺骨等名言不知道跟我说了多少遍。我成绩退步了，他就说学习不好就没有未来，我一定要争口气考上大学。在学校里，不要贪玩，要抓紧时间，不能放松……爸爸每天这样唠叨，也不管我听不听，我其实有抱负，但只要他一唠叨，我连学习的兴趣都没了。"

"我每天放学回到家里，妈妈的唠叨准时响起：今天有多少功课？语文作业是什么？数学作业是什么？快去做作业吧！我拿出作业本准备开始写，妈妈的唠叨又会响起：把窗帘拉开，小心眼睛！腰挺直了！把头抬高点！把字写工整了！作业快写完的时候，妈妈的唠叨声还在：现在完成哪几门课的作业了？都做对了吗？抓紧时间，不要磨蹭！我妈从来没有想过，她每天在我旁边吵吵闹闹，我完全不能静下心来做作业。"

"有时候做完作业，我就会去上网，但我妈妈，每次在我开了电脑后就唠叨青少年网瘾的事情，我上网只是找点资料看个电影，顺便和同学聊天放松，我跟她解释过了，我哪来什么网瘾？可她还是会唠叨，说什么这样对眼睛也不好，不想我开电脑，那我不开好了，她又说你别嫌我说你，都是为你好……这到底是要我怎么样？"

"每个人的爸妈都是这样的吗？为什么我觉得我的爸妈特别烦呢？每天都在唠叨，生活是，学习也是，而且永远都没完没了。"

……

爸爸妈妈看到孩子们这些心里话，也许会感到委屈：我们再怎么唠叨，不都是为了孩子好，不正是爱他们的表现吗？他们为什么不能理解呢？

| 2 |

不同的家长，面对同样的事情，会有不一样的反应。比如，淘淘放学回到家，一脸的不高兴，对妈妈哭："有人偷了我的作业本。"妈妈听了淘淘的话，问：发了脾气："我一遍一遍地跟你强调，要把自己的东西收拾好，你看看，一点记性都没有，怎么又把东西弄丢了呢？将来要是被人偷了钱怎么办？"

东东今天也遇到了这件事，回去跟妈妈说了，但东东妈妈听了之后没有说话，示意东东继续说下去：

"我下课的时候去了一次厕所，回来的时候，桌子上的笔记本就不见了，我下次离开座位的时候会把东西先保管好的，这样就不会丢东西了。"

如果像淘淘妈妈那样只知道唠叨，长篇大论地指责，不仅会让淘淘觉得生气、沮丧，而且也不会得到好的效果。不得不说，东东妈妈非常明智。

双休日，爸爸妈妈陪伴5岁的儿子去郊游，玩到中途的时候，妈妈口渴难忍，便对儿子说："儿子，把你背包里的苹果拿出来给我解解渴，好不好？"儿子毫不犹豫地拿出3个苹果，但让妈妈没想到的是儿子居然挨个咬了一小口。

见状，爸爸很生气，正想严厉训斥儿子一通时，妈妈耐着性子对儿子说："好孩子要懂礼貌，你这样做好吗？"儿子奶声奶气地说："我想先尝尝，把最甜的留给爸爸妈妈。"妈妈听后心头一震，不禁为儿子精彩的回答而自豪，同时也暗暗庆幸自己没有随意打断孩子的话而冤枉孩子。

有时候，孩子的思维方式与大人的思维方式是有所不同的。如果爸妈不让孩子把话说完，随意打断孩子的话，不仅不利于孩子表达能力的提高，久而久之，还会使孩子产生自卑情绪。因为孩子在对爸妈诉说内心感受的同时也可以提高表达能力、交往能力，如果爸妈剥夺了孩子的表达机会，孩子就会产生语言表达能力、交往能力上的障碍，容易出现自卑情绪；另一方面，爸妈不能认真倾听孩子说话或和孩子缺少沟通，使得彼此间缺乏信任，导致"代沟"产生，甚至产生敌对情绪，对孩子的成长非常不利。

| 3 |

一份调查显示：80%的孩子心理障碍和家庭教育有关，特别是与爸妈和孩子缺乏沟通交流有关。孩子虽小，但他们有人格尊严，认知世界有自己的独特视角，他们有表达内心感受、阐述自己观点的愿望。爸妈应耐心地让孩子把话说完，只有这样，才能互相沟通理解，建立健康、和谐的亲子关系。

孩子是一块洁白无瑕的璞玉，孩子是否成器的关键是爸妈如何去雕琢。当孩子在学习和生活中遇到问题而向爸妈倾诉时，爸妈要做孩子忠实的听众，耐心地和孩子交流。

会说话懂沟通技巧的爸妈都明白，倾听有时候也是一种爱。只有通过倾听，你才能得到重要的信息，才能做出恰当的判断。

慎用"批评"，尊重孩子的"面子"

在地铁站、餐厅、商场、游乐园，

到处都有家长大声训斥熊孩子的身影，

被训斥的孩子低着头，

或哇哇大哭或低声抽泣，

在无数陌生人的围观中，

定格成孤独的"不完美"。

| 1 |

一对夫妇带着自己的孩子和朋友共进晚餐，氛围很愉快，突然，发生了一件不愉快的事情。夫妇的女儿把桌子上的牛奶杯弄翻了，桌布都湿了。夫妇正准备责备儿子的时候，一起吃饭的朋友也把自己的杯子弄翻了，朋友不好意思地笑了笑："我都四十多岁了，还会弄翻东西。"小女孩开心地笑了，那对夫妇也明白了朋友的苦心，满面笑意地摸了摸女儿的脸。

晚饭后，夫妇对朋友表示了感谢，朋友笑了笑，说："我以前也经常对孩子咆哮，哪怕他只是犯了一点小错误，但有一次，我和妻子去朋友家吃饭，朋友的儿子在吃饭的时候不小心打翻了果汁，桌布都被弄脏了，但朋友说了句'没事'，然后起身擦了擦洒了的果汁，继续吃饭。我和妻子都愣住了，朋友笑着说，孩子是有自尊心的，如果因为这一点小错误就对孩子咆哮，教训他们下次小心一点，会伤害到孩子的心的。"

朋友又说："要多给予孩子一些尊重，不仅仅因为孩子的心是脆弱而敏感的，更因为在给予孩子尊重之后，孩子也会学到尊重他人。特别是在外人面前，可以不表扬、赞美孩子，但一定不要挖苦、责备、批评孩子。"

每一个孩子都是不想犯错误的，但对于孩子来说，粗心大意是在所难免的。一旦犯错，孩子的内心是非常紧张与惶恐的，害怕爸妈的批评，害怕见到外人，害怕看到朋友的不友善的眼光，更害怕别人因此事产生对爸妈不好的印象。所以，爸妈不要在孩子本就很内疚的心上再雪上加霜。

| 2 |

英国哲学家洛克曾说过："父母越不宣扬孩子的过错，孩子对自己的名誉就越看重。他们觉得自己是有名誉的人，因而会更小心地维护别人对自己的好评。若是当众宣布他们的过失，使其无地自容，他们便是觉得自己的名誉已经受到了打击，设法维护别人好评的心理也就随之淡薄。"

现在的教育理念不再认可"棍棒"教育了，而是更加提倡赏识教育，也就是我们要对孩子多赞扬、多鼓励，少批评、少责骂。因为每个孩子都有自尊心，所以，作为爸妈，一定要清楚地认识到这一点。尤其在他人面前，面对孩子种种不完美的行为，更不能做伤害孩子自尊心的事,也不能说伤孩子自尊心的话,否则对孩子的伤害会更大。而当着别人的面赞扬孩子,却能使孩子的内心获得一种成功感和荣誉感,从而增强他们学习和做事的信心。

可有时情况往往是这样的,爸妈自尊心比较强,处处要强,事事努力,维护着自己的尊严,也不允许任何人侵害自己的尊严,但是却对孩子的自尊心毫不在意、漠不关心,就算某些事情、某些人已经伤害到了孩子的自尊,也不顾及孩子的感受,认为小孩子不会在意那些大人看重的东西。

比如,在现实生活中,有些爸妈发现孩子稍有"过失",就立即发怒,不知道冷静,也不顾是否有人在场,就当着众人的面对孩子严加呵斥。其实,这种做法非常不理智,甩手爸妈一定要明白,当着他人的面不要批评、指责孩子。因为这不但不能激励孩子,而且会给孩子造成心灵上不可磨灭的伤害,甚至会使孩子怨恨爸妈,造成紧张的亲子关系。

| 3 |

当着别人的面批评、教育孩子是极不冷静的,也是十分不可取的。其实爸妈们应该采取的方法是要经常赞扬、鼓励孩子,尤其是在他人面前赞扬孩子。这样孩子会觉得爸妈因为他们或者是他们的表现而感到自豪,孩子的自尊心会得到极大的满足,就能够使孩子更加努力。所以爸妈一定要明白,当着他人的面不要批评、指责孩子,孩子不是爸妈拿来和其他孩子进行比较的工具,每个孩子都是一个独立的个体。

甩手爸妈要知道孩子不是用来比较的,而是用来夸奖的。只有这样,才能最大限度地调动孩子学习、进步的积极性。因此,在他人面前赞扬孩子,往往能够收到事半功倍的教育效果。

第八章

甩手爸妈，有教养的孩子更出色

有教养知礼仪,比拿到文凭重百倍

一个彬彬有礼的孩子,

在任何场合都会更受重视,

因为有教养知礼仪意味着,

你的孩子更稳重更值得信赖,

重要的事情交给他能够放心。

| 1 |

一位男子在高铁上强行占据了一个姑娘的座位,面对姑娘提出请他"对号入座"的要求时,他无赖地说:"谁规定要对号入座的,给你三个选择,要么你坐我的座位,要么你去餐车坐着,要么你站着!"

此段新闻在网络公布后,舆论哗然,更有人扒出这名男子居然毕业于某知名高校,拥有含金量很高的文凭。

可见,一个接受过良好教育的人,并不代表他拥有了良好的教养。

为什么很多人才高八斗，学富五车，却不受欢迎？

因为他们的教养不够好，态度不好。

受人喜爱和欢迎的人，则是懂得做人的人，有教养的人。

| 2 |

重养不重教，重智不重德的现象广泛地存在。

社会评价学校好坏，只看升学率，爸妈评价学校，只看考试成绩；

学校评价老师，只看教学成绩，老师评价学生，只看学习成绩；

只要学习成绩好，就是好学生、好孩子，只要能考上名牌大学，将来就会有出息。

……

这种偏颇的教育思想让大多数爸妈只把目光放在孩子的学习成绩和特长能力培养上。

爸妈们不惜血本花钱让孩子进重点学校、请家教、让孩子去各种培训班，只想让孩子健康成长，以后能有个幸福的人生，但是，许多爸妈都忽略了对孩子道德修养的提升。更有不少爸妈认为，只要在物质上让孩子得到满足，就算尽到了责任，可是在教养方面，却没有尽心尽力。

爸妈需要明白，教养是一个人一生最宝贵的财产，幼年时期的道德修养将会影响一个人的一生，因此爸妈要有意识地培养孩子的教养，耐心地提高具有持久性的道德。养而不教的家教笃定是失败的。没有教养的教育，是悲哀的。

| 3 |

如果有人骂孩子没教养，那确实是为人父母的失败了。

孩子，可以不漂亮，不聪明，不优秀……但，你的孩子，至少不能让大家感觉不舒服。

什么是教养呢？

教养就是不光考虑自己也考虑别人，就是对尊重和边界深刻理解之后的一种分寸感。有了这种分寸感，大家都会感觉很合理很舒服；没有这种分寸感，就会给别人带来不便和烦恼。

小孩子的日常教养就是：从我们父母那代起，家里人就常碎碎念的那些，比如，去别人家里做客，站起来时要整理好坐过的地方；吃饭不能发出响声；别人吃东西不能盯着看；见了熟人要打招呼；穿过别人的衣服，一定要洗干净再还……

但是，光念叨孩子没用，必须抓落实，有时还要讲究一些管理方法。

比如，该孩子说但他没说的话，让他再说一遍；该做但没做的事儿，让他再做一遍，做到了的时候及时肯定和鼓励，这样才能慢慢习惯成自然。当然，前提是尊重孩子，不能操之过急，不能激发逆反心理。

行为需要反复训练，别怕麻烦。让孩子习惯成自然，形成良好的教养。同时别忘记时刻提醒自己要以身作则。

知错就改，诚实不需要华丽的辞藻来修饰

这世界上会有从不犯错的孩子吗？

如果有的话，那一定是圣人。

不断地在错误中尝试正确的道路，

是孩子探索世界的独特方式。

知错就改，

认真对待错误才是积极向上的生长态度。

诚实诚信，

不仅仅是对人性的考验，

更是孩子走向成功的基石。

| 1 |

列宁小的时候非常淘气，经常在家里捣蛋搞破坏。有一次母亲带着小列宁到姑妈家做客，几个孩子玩到高兴的时候把一只花瓶打碎了。

姑妈叫来孩子们，问道："花瓶是被谁打碎的？"几个孩子都摇头

说不是自己打碎的,小列宁害怕被姑妈批评,便跟着其他几个孩子一起说:"不是我!"可是,母亲一眼就看出,花瓶肯定是淘气包小列宁打碎的。

小列宁之前从未撒过谎,向来都是主动承认错误。母亲不动声色地观察着儿子的神色,装出相信儿子的样子,一直没有提起这件事。随后,她给儿子讲了一些诚实守信的美德故事,等待着儿子能主动承认错误。

有一天晚上,母亲正在给小列宁讲睡前故事时,他突然失声大哭起来,愧疚地告诉母亲:"我欺骗了姑妈,那只花瓶其实是我在玩球的时候不小心砸倒的,是被我打碎的。"看着孩子后悔的泪水,母亲耐心地安慰他,告诉他只要向姑妈写信承认错误,姑妈就会原谅他。

于是,小列宁马上起床,在母亲的帮助下,向姑妈写信承认了错误。从此以后,列宁再也没有说谎,长大以后,他也通过诚信这可贵的品质获得了人民的支持。

诚实是一种可贵的品质,当孩子形成了诚实的品质后,他们就不会在爸妈、老师、同学甚至社会面前弄虚作假了,这样才能建立起良好的信誉,才能获得别人的真诚对待。

| 2 |

司马光是我国宋朝著名的历史学家,在他小时候曾经发生过这样一件事情:

那一年,司马光六岁了,一天,他跟着姐姐在父亲书房的外屋玩。忽然间摸到自己衣袋里的几个核桃,就掏出来,砸开硬壳,吃起里边的核桃仁来。"哎哟!"他刚刚嚼了几下,只觉得嘴里涩得很,急忙"呸呸"地又吐了出来，咧着嘴看着姐姐。姐姐一笑，指着核桃仁告诉他："你呀，拿起来吃，你瞧，它的外面包着一层薄皮，把这层薄皮剥掉，它就不苦啦！"

司马光听了，赶快捏起核桃仁，用小手抠着去薄皮，可是累得他眼睛都发酸了，姐姐惦记着到院里去玩，就从书房出去了。

这时候，恰巧有个给他们家干活的使唤丫头来送开水。她瞧见司马光正在犯愁，就把核桃仁放到茶杯中，浇上开水泡了一会儿，然后捞出来，很容易就把那层薄皮剥掉了。"好，好啊！"司马光忍不住跳起来，嚼着那美滋滋的核桃仁，他可真高兴呀！

一会儿，姐姐从院子里再回到书房时，看到弟弟手边的核桃仁白白的，一点皮也不挂了，就惊奇地问："谁剥得这么干净？"

"我！"司马光晃晃脑袋，得意洋洋地回答。

"你是怎么弄掉的，剥得这么干净，有啥好法子？"姐姐又问。

"用开水泡一下，皮就很容易剥掉了。"司马光很得意地说。

姐姐想起司马光前些日子砸破水缸，救出掉在缸里面的小朋友的事，就连连称赞道："好弟弟，你真能干！"司马光听了，心里真比吃了蜜还甜。

外屋发生的这些事，都被正坐在里屋的司马光的父亲看得一清二楚。本来他正静静地读书呢，后来听到孩子们的说话声，就放下书本，隔着窗户不声不响地看了一会儿。看到这时候，他再也坐不住了。他明白，近些天来，司马光听到的夸奖的话太多了，小脑瓜已经有点轻飘飘的了，以致今天出了撒谎的毛病，得提醒提醒他，让他学会自律，说实话。

"咳！"他清了清嗓子，走到外屋，看着司马光的眼睛问："这核桃仁是你剥的吗？"

"嗯……是……不是……"司马光看到父亲那双能洞察一切的眼睛，平日伶俐的口齿，一下子变得"吭哧"起来，小脸也红了。父亲让他把剥核桃仁的真实情况讲给姐姐听。

父亲接着说："一个人聪明是好事，但他要老实；说谎话，搞欺骗，害别人也害自己啊，是最傻的，就是在别人不知道事情的真相时，也要自律，要对得起自己的良心。我希望我的儿子是一个老实的人，更是一个自律的人，不用别人指出，就能主动地说出真话来。"听到这里，司马光低着的脑袋抬起来了，他说："父亲大人，孩儿记住了。"声音不大，但很有力……

多少年过去了，司马光已经老年的时候，有一次，他叫人把家里一匹有病的马拉出去卖了，还嘱咐这个人说："这匹马有病，一到夏天就干不了什么活，要是有人买它，你一定要自觉地告诉他，老老实实地说，不能昧良心啊。"

诚实是我们中华民族的传统美德，是我们做人的第一要素。在人际交往中，人们都不愿意与不诚实、说谎的人打交道，因为这种人无法给人一种信任感和安全感，是一种缺乏教养的表现。

| 3 |

诚实的孩子真诚地对待每一个人、每一件事，做事坦荡、磊落，因而他们会在人生发展的道路上越走越稳，一步一个坚实的脚印。

诚实，是每个人都应该具备的品质。如果你要想真正让孩子养成诚实的品德，爸妈们必须在日常生活中利用一切可利用的机会，在平时的小事上处处注意，为孩子做出表率，以各种形式对孩子进行引导、教育，以诚实培养诚实。

微笑面对生活的孩子运气不会差

跟同学意见不和，

考试的时候又出现了失误，

想要的漂亮衣服被别人捷足先登，

生活中不如意事常八九，

懂得用微笑面对的孩子，

运气通常都不会差。

| 1 |

有一个忧郁的人来到上帝面前问："上帝，告诉我吧，如何才能让我跳出忧郁的深渊，在欢乐的大地上尽情玩耍？"

上帝说："请学会微笑吧，向所有的一切。"

忧郁者又问："可是，我为什么要微笑呢？我没有任何微笑的理由呀。"

上帝回答："当你第一次向人微笑时，不需要任何理由。"

忧郁者接着问："那么，第二次微笑呢？以后我都不需要任何理由地微笑吗？"

上帝意味深长地说："以后，微笑会按它自己的理由来找你。"

于是，忧郁者走了，他要按照上帝的指引，去寻找微笑，去付出微笑。

半年过后，一个快乐者来到上帝面前。

他告诉上帝，他就是半年前那个曾求教于上帝的忧郁者。

现在，他的脸上阳光灿烂，充满自信，他的嘴角，总是挂着真诚的微笑。

"现在，你有了微笑的理由了吗？"上帝笑问。

"太多了！"曾经的忧郁者说，"当我第一次试着把微笑送给那位我曾熟视无睹的送报者，他还我以同样真诚的微笑时，我发现天是那么蓝，树是那么绿，送报者离去时哼着的歌是那么动听！"

"当我第二次把微笑送给那位不小心把菜汤洒在我身上的侍者时，我收获了他发自内心的感激，我似乎看见了人与人之间流动着的温情，这温情驱散了我内心聚积着的阴云。"

"后来，我不再吝惜我的微笑，我把微笑送给街边孑然独行的老人，送给天真无邪的孩子，甚至送给那些曾经辱骂过我的人。我发现，我都收获了高于我所付出几倍的东西，这里面有赞美、感激、信任、尊重，也有某些人的自责和歉意。这都是人间最美好的情感啊，它让我更加自信，更加愉快，也更加愿意付出微笑。"

"你终于找到了微笑的理由"，上帝说，"假如你是一粒微笑的种子，那么，他人就是土地。"

他们相视而笑。

微笑是一个人健康形象的最基本的标志。一对健康的爸妈和一个健康的孩子，就是一对微笑的爸妈、一个微笑的孩子。微笑，可以化解各种各样的困难。微笑，可以消除心理上、生理上乃至人际关系的紧张。本来很紧张的关系，一微笑可能就化解了。微笑可以消除、化解疲劳。微笑还可以解决很多生活和事业中的僵局。

| 2 |

观察一下你身边，就可以发现，那些阳光自信、充满乐观情绪的孩子们，几乎无一例外地都拥有一位极其疼爱他们并乐于赞美他们的母亲。父亲的爱或许更多的是含蓄与深沉，他在潜移默化中教会孩子形成正确的价值观与良好的品性，而母亲的爱与热情，正好将这种力量激发出来，使之发挥出最大价值。

在一家钢琴店里，来了一对母女。女儿大概十三四岁，正在店里弹钢琴，弹得特别好听，吸引了不少顾客。她的妈妈站在旁边，一脸微笑地看着女儿。

店员走近一看，那个女儿脸上有很大的一块黑青色胎记，几乎占据了她的整个半边脸。但她丝毫没有察觉到自己的缺陷，一边弹着琴一边微笑地跟周边的顾客交流沟通。

店员走近她的妈妈，轻声说："你的女儿弹得真好。"

那位妈妈笑了："是的，而且，我的女儿很漂亮。"

店员微笑着点点头。

那位女儿能够有这样的妈妈，真幸福，丝毫不在意别人的眼光和评价，让女儿只关注到自身的优势，这种自信影响了周围的人，所以才有那么多人听她弹琴。那位妈妈传递给孩子的不仅仅是一种叫做快乐的情绪，更是一种积极的生活态度。

女人在表达情感和想法上具有优势,因此母亲更能够夸奖孩子、关注孩子情绪的变化,而且也会把自身积极的心态传递给孩子。

| 3 |

正所谓:"人生不如意者,十有八九。"在生活里,当你的孩子遇到不能改变的困难时就告诉孩子改变自己的心态,让他们给自己装一个"快乐引擎"微笑面对,让他们从日常平凡的生活中寻找和发现快乐,就一定会获得幸福。因为大多时候,"快乐"并不是别人带给你的,也不会凭空从天上掉下来,而是靠他们自己去寻找。

戒骄戒躁,让谦虚在心里生根发芽

出名要趁早,
现在的爸妈为了让孩子出名,
恨不得让孩子学上十八般武艺,
逢人就不停展示才艺,
有一点特长恨不得人尽皆知。
这种环境中成长起来的孩子,

还能有一点谦虚存于心中吗？

| 1 |

俗话说：谦受益，满招损。骄傲自大对孩子的成长很不利。

因此，学会谦虚是非常重要的。

小威是个很有才华的孩子，刚上小学三年级便能写出一篇出色的文章。因此，小威从小就立志要当作家，并发誓要当著名作家。小威若能为此努力学习，脚踏实地读书，认真地写作，有这样的雄心壮志本也没有什么不好。可是他并没有这样做，而是整天想入非非，要当"在文学史上永远闪耀着光芒的大作家"。

在这种情绪的引导下，小威开始讨厌学习。他认为书上的知识都是别人、成年人、老年人写的，他要突破这些人，创造出自己的作品。

而且，小威越来越看不上老师，他说："老师都是些庸人，在课堂上只会照本宣科，一万句话里找不到一句精彩的格言和奇特的妙语。"

因此，小威的成绩一路下滑。

骄傲是一种不良的心理状态，它往往会对孩子的发展产生很多消极影响，当孩子产生骄傲自满的情绪时，做爸妈的应该给予孩子积极的引导，使其心理健康发展。

| 2 |

巴甫洛夫说过:"无论什么时候,永远不要以为自己已经知道了这一切。不管人们把你评价得多么高,你永远要有勇气对自己说:我是个一无所知的人。"一个人不管有多丰富的知识,取得了多大的成绩,或是有了何等显赫的地位,都要谦虚谨慎,不能自视过高。只有心胸宽广,博采众人,才能不断地丰富自己的知识,增强自己的本领,进而创造出更大的业绩。

近代科学的开创者牛顿,在科学上作出了重大贡献。他的三大成就——光的分析、万有引力定律和微积分学,为现代科学的发展奠定了基础。

"宽阔的河流平静,学识渊博的人谦虚。"凡是对人类发展作出巨大贡献的人物都有谦虚的美德。牛顿每当在科学上获得伟大成就时,从不沾沾自喜。

当牛顿费尽心血算出"万有引力定律"后,没有急于发表。而是继续孜孜不倦地深思了数年,研究了数年,埋头于数字计算之中,从未对任何人讲过一句。后来,牛顿的朋友,大天文学家哈雷(彗星的发现者),在证明一个关于行星轨道的规律遇到困难时,专程登门请教牛顿。牛顿把自己关于计算"万有引力"的书稿交给哈雷看。哈雷看后才知道他所要请教的问题,正是牛顿早已解决、早已算好了的问题,心里钦羡不已。

在1684年11月的某一天,哈雷又到牛顿的寓所拜访。当谈到有关天文学的学术问题时,牛顿拿出写好的关于论证"万有引力"的论文,请哈雷提意见。哈雷看后,对这一巨著感到非常惊讶。他欣喜地对牛顿说："这真是伟大的论证、伟大的著作！"他再三奉劝牛顿尽快发表这部伟大著作，以造福于人类，可是牛顿没有听信朋友的好意劝告，没有轻易地发表自己的著作，而是经过长时间的一丝不苟的反复验证和计算，确认正确无误后，才于1687年7月将《自然哲学的数学原理》发表于世。

牛顿是个十分谦虚的人，从不自高自大。曾经有人问牛顿："你获得成功的秘诀是什么？"牛顿回答说："假如我有一点微小成就的话，没有其他秘诀，唯有勤奋而已。"他又说："假如我看得远些，那是因为我站在巨人们的肩上。"

这些话多么意味深长啊！它生动地道出了牛顿获得巨大成就的奥妙所在，这就是在前人研究成果的基础上，以献身的精神，勤奋创造，开辟出科学的新天地。

| 3 |

俗话说："骄傲使人落后，谦虚使人进步。"世界上的每一门知识都像是一片浩瀚无垠的海洋，没有人能够在海洋中达到最高境界，如果自认为优秀而止步不前，将很快被别人追赶上。

甩手爸妈们要想让孩子成为一个有修养，并最终能够走向成功的人，就必须从小培养孩子的谦虚精神，在成长的过程中戒骄戒躁，在谦虚中不断吸取知识，取得进步。

在善良和正确之间，请选择善良

人之初性本善，

善良是一切正能量之源，

教会孩子善良地对待世界，

世界也会回他以温柔的拥抱。

| 1 |

1911年诺贝尔和平奖获得者阿尔弗雷德·弗里德是奥地利的一名记者。少年时代，阿尔弗雷德就是一个善良的孩子。因为家里比较贫穷，所以父母每天都为了一家人的生计奔波忙碌。为了能帮助父母减轻一点负担，小阿尔弗雷德决心去摆一个小书摊，并把自己的计划告诉了父母。最初，阿尔弗雷德的父母并不同意他这么做，担心这样会影响到他的学业。后来，在阿尔弗雷德的软磨硬泡下，他的父母终于同意了。

很快，小阿尔弗雷德就成了一个小书摊的摊主了。因为他服务热情,而且有很多有趣的图书,所以小书摊的生意特别好。在劳动中,小阿尔弗雷德学到了许多知识,也认识了很多朋友,每天都过得特别充实。

有一天,已经接近傍晚了,小阿尔弗雷德麻利地收拾东西,准备回家吃晚饭。这时,有4个和他差不多大的孩子围了过来,其中一个还故意碰翻了书摊。小阿尔弗雷德正要责备那个孩子,另一个孩子赶紧说对不起,并帮着他去捡书。小阿尔弗雷德刚说了一声"谢谢",冷不防被其中一个孩子绊倒了,这时,4个孩子一起冲上来,把他压在了身子下面。一个孩子厉声问道:"你的钱呢?钱在哪里?快点给我们!"当4个孩子在他身上乱搜的时候,他又气又急,慌乱中,他忽然看见街对面有一个警察,就大喊了一声:"警察来了!"那4个孩子看见警察来了,都慌了,爬起来就跑。其中有一个孩子比较小,跑得慢,所以被小阿尔弗雷德一把给抓住了。

警察过来了,看着凌乱的书摊和两个孩子,很严肃地问道:"这里发生了什么事?你们两个在做什么?小阿尔弗雷德看了看旁边那个孩子,说:"他想……他想租书看,可是我要收摊回家吃晚饭了。所以他就帮我收拾摊子。"警察见没有发生什么事情,就微笑了一下,走开了。小阿尔弗雷德拉了拉那个孩子的手,说:"来,快点帮我收拾东西。"那个孩子感到很意外,他迷惑不解地问阿尔弗雷德:"刚才,你……你为什么不告诉警察?"小阿尔弗雷德并没有回答,却反问那个孩子:"你们为什么要来抢我的钱呢?"

那个小孩低下头,不好意思地说:"我们已经观察你好几天了,本来也没想抢你的钱,可是今天我们没有弄到吃的东西,都饿坏了,所以才……"

"就因为我看你们的衣服很破旧,所以我知道你们抢钱肯定也是迫不得已,我也是穷人家的孩子,所以我才没有告诉警察。"小阿尔弗雷德诚恳地说。

收拾好书摊之后,小阿尔弗雷德对那个孩子说:"你跟我一起走吧,咱们一起吃饭去。"那个孩子很感动地点了点头。小阿尔弗雷德带着他到附近的小吃店吃饭,吃完饭后,又买了几张饼,说:"你带给你的朋友们吧。欢迎你们明天还到我这里来,我可以请你们免费看书。"第二天,直到很晚了,那4个孩子才来。这时,小阿尔弗雷德才知道,他们原来都是流浪儿,靠乞讨和捡破烂为生。从那以后,小阿尔弗雷德总是尽量帮助他们,而这4个孩子只要有时间,就会聚集在书摊上看书,帮小阿尔弗雷德收拾书摊,他们居然成了很好的朋友。

人之初,性本善,善良原本就是人的天性。小阿尔弗雷德在遭遇到其他孩子的恶意冒犯时,没有扔掉自己的爱心,反而继续用自己的善良感化别人,这种以德报怨的善良是当下很多孩子缺少的。

| 2 |

放学后,豆豆爸去学校接豆豆回家,看见豆豆和小朋友们排队走出了校门。他迎过去,却发现豆豆脸上显出一副委屈的样子。

豆豆爸拉过豆豆,发现豆豆的胳膊肘擦伤了一块皮肤。怪不得豆豆一副伤心欲哭的样子呢,原来是受了伤。豆豆爸连忙把豆豆带到了学校的卫生室,问他:"你怎么受的伤呀?"豆豆抽泣着回答:"我走路时……不小心摔在地上……磕破了。"

豆豆受伤的事情就这样过去了。

星期天,同学小强来家里找豆豆,豆豆恰好不在家。小强临走时,偷偷地问:"叔叔,你怎么不去找那个小朋友算账呀?"

豆豆爸奇怪地问小强："找谁算账？"小强说："就是去找大林算账呀。豆豆的胳膊是被大林弄伤的。"

豆豆回到家，豆豆爸问："豆豆，你的胳膊是怎么磕破的呢？"

豆豆看了看已经结痂的擦伤，笑了笑说："爸爸，我说了你可不要生气呀！"

豆豆爸说："我不生气，你对爸爸说实话吧。"豆豆的话与小强说的完全一样，豆豆爸相信了。他接着问："那你开始不说清楚？"

豆豆笑哈哈地说："爸爸，大林不是故意的，我不想让你去找他算账，所以才说谎。"

豆豆是因为善良才说了谎话。为了保护自己的朋友，豆豆宁愿自己去承受"痛苦"，孩子的内心都存在着原生的善良。

如今，越来越多的爸妈开始关注孩子的身体健康和智力发展，但忽略了孩子同情心的教育。在品德教育中，不能只满足于一时的效果，要注重培养孩子良好情感的形成，要让孩子真正学会关心和帮助别人。

毋庸置疑，这些生活在十分优越的环境中的孩子，冷漠、自私、放任又很脆弱，他们往往体会不到爱，不知道爱父母、爱家庭、爱同学，不知道关心别人、为别人服务、为社会尽义务。这样的"小王子""小公主"长大后是很容易产生一系列社会问题的，他们怎么还会有善心有教养？

| 3 |

善良，即纯真温厚，没有恶意，为人和善。善良是人的一种美好品性，它是人类历史中稀有的"珍珠"。

善良作为一种美德，对孩子的成长发展具有不可忽视的积极影响。可以说,拥有善良品质的人,同时也是个道德高尚的人,他更容易赢得人们的信赖,取得事业上的成功。

人之初,性本善。善良是做人最基本的品质,我们要将其发扬,代代相传。善良的情感及修养是人道精神的核心,它必须在童年时细心培养,否则难有效果。所以,教孩子学会善良,是每位爸妈必须承担的责任。

学会宽容,对纠结的昨天说再见

宽容大度的人才能笑口常开,

对什么事都斤斤计较的孩子很难快乐。

宽容的孩子不在意昨天,

也不害怕明天,

他们知道今天就是最好的。

| 1 |

研究表明,6个月大的孩子已经能注意到性别和种族上的差异;3岁的孩子能够对人进行分类, 并判断出哪一类人更好;5岁的孩子会把优良的品德与自己认为好的那类人进行挂钩;8岁的孩子会注意到

社会对不同人的不同态度；再大一些的孩子会知道如何面对社会的偏见，拥有理智的思考。

孩子长大之后面临的世界是多元化的，因此，在最初的教育过程中，爸妈应竭力帮助孩子消除偏见，塑造宽容的性格。

学校组织了一次亲子活动，妈妈带着未满5岁的萌萌去参加。老师安排两个小朋友为一组，合作完成搭积木的活动。萌萌皱着眉头看了一眼那个小朋友，对妈妈说："我不要跟他一组，上次他在楼梯上踩脏了我的白球鞋！"

萌萌妈妈当时就生气了，把女儿拉出教室，在走廊上严厉地批判了她："你怎么可以说出这样的话？你小小年纪怎么那么记仇？"萌萌听着，却表现出一脸的茫然不解："他上次弄脏我的新鞋子，我不跟他玩，为什么不可以？"

之前看过一份抽样问卷调查，其中有这样一个问题："对于过去欺负过你或严重伤害过你的人，你会怎么办？"在被询问到的中小学生当中，29.9%的学生表示会原谅，近24%的学生表示很难原谅或绝不原谅，剩下的表示原谅但不会忘记。

原谅别人的过错，就是宽容心的一种表现。宽容心很难得，它有利于孩子个性和情感的健康发展，对于建立良好的人际关系有非常重要的意义。富有宽容心的孩子心地善良，惹人喜欢，而缺乏宽容心的孩子不宜亲近，人际关系处理糟糕。因此，爸妈要教孩子学会宽容，为今后的人际关系打好基础，也会将来的灿烂人生奠定基础。

丨2丨

古希腊一位哲人说过："学会宽容，世界会变得更为广阔；忘却计较，人生才能永远快乐。"看来,只有度量大的人,他才可以有稳定的、积极的、健康的情绪,而只有这样的情绪才可以创造出一个真正快乐的人。

如今的孩子因为是家中的掌上宝,从小娇生惯养,因此在成长的过程中很容易出现自我中心倾向, 具体的表现就是在人际关系当中一般只考虑自己的感受,心胸狭窄,这将严重影响良好人际关系的建立。而孩子的宽容心的最主要来源,就是爸妈。

有一位妈妈,她的孩子去参加舞蹈培训班的六一汇演。那天的人特别多,孩子也特别多,工作人员一时疏忽,在演出结束后,把孩子单独留在了场地里。工作人员想起来后,急忙打电话给孩子的妈妈,又返回场地去找孩子。

找到孩子后,孩子因为一个人在空无一人的场地而受到惊吓,哭得特别伤心。工作人员充满歉意地安慰孩子,内心做好了向家长道歉赔罪的各种准备,她甚至觉得,即使家长因此再不让孩子报这个培训班了,自己也只能认了。

过了一会儿,孩子的妈妈来了,摸了摸哭得梨花带雨的孩子,安慰她:"宝贝,现在已经没事了,妈妈来了。这个姐姐刚刚因为找不到你非常紧张,也很难过,她不是故意丢下你的。现在,你应该亲亲那个姐姐,安慰安慰她。"

孩子听完,踮起脚尖亲了工作人员的脸,轻声说:"姐姐别怕,妈妈来接我回家了。"这位工作人员感动得说不出话来。

要想培养孩子的宽容心,爸妈必须以身作则,做好表率,抓住教育契机加强引导。只有学会宽容,孩子才有可能拥有融洽的人际关系,才能拥有良好的心态和应对各种环境的能力。

| 3 |

俗话说："金无足赤，人无完人。"每个人都有缺点和不足，在相处的过程当中，不必求全责备，求同存异才是最好的方法。对于他人的缺点和不足，对于他人在情绪激动时说出的话做出的事，没有必要斤斤计较。有时候，原谅他人，给予宽容和理解，反而能够为自己赢得一份好心情，向性格完善的道路上迈进。

当然，宽容不是怯懦，不是盲从，也不是妥协，而是在明辨是非对错后对同学、朋友的包容。

知书达礼，爱读书的孩子不粗鲁

书中自有颜如玉，

书中自有黄金屋，

书中自有金玉良言，

爱读书的孩子，

会拥有更丰富的心灵，

能够让自己的人生更加丰盛。

| 1 |

美国人说:"全世界的财富在美国的口袋里,美国的财富在犹太人的口袋里。"犹太人的历史上有很多令人肃然起敬的名字:达尔文、爱因斯坦、马克思、弗洛伊德、海涅、卓别林、毕加索、门德尔松、大卫·李嘉图、斯皮尔伯格、华尔街的超级富豪摩根、第一个亿万巨富洛克菲勒、股神巴菲特、钢铁大王卡内基……为什么犹太人可以这样优秀?犹太人与其他民族最大的生活区别不是在宗教信仰上,而是在读书上。

若论对书的喜爱,世界上没有哪个民族比得上犹太人,他们从小就爱读书。据说在孩子出生时,母亲会在《圣经》上滴蜂蜜,让孩子去舔,是为了告诉孩子"书是甜的"。犹太人的书橱都放在床头,因为放在床尾会被认为对书不尊敬。

据联合国教科文组织调查,以犹太人为主的以色列国,14岁以上的人平均每个月读一本书,堪称世界之最。这种爱读书的性格,是受整个环境的熏陶的,爸妈爱读书,孩子也爱读书。他们对知识的喜欢,已经到了崇拜的地步。

"假如有一天你的房子被烧毁,你将带什么东西逃跑呢?"几乎每个犹太家庭的孩子都要回答这个问题,要是孩子回答钱或钻石,母亲将进一步问:"有一种没有形状、没有颜色、没有气味的宝贝,你知道是什么呢?"要是孩子回答不出来,母亲就会说:"孩子,你要带走的不是钱,也不是钻石,而是智慧。"

犹太人说:"世界上唯有智慧是任何人都抢不走的,只要你活着,智慧就永远跟着你。"所以他们把最宝贵的财富——智慧代代相传。

不过,犹太人欣赏的是创造性,他们并不喜欢书呆子。许多犹太小孩放学回来，妈妈问的第一句话是："你今天在学校提问题了吗？"

在犹太民族的家庭教育中，宏观、深入的思考和抽象、逻辑性的思辨是最为重要的，而这一点是很多中国家庭缺少的。

| 2 |

单从阅读量来说，我国国民阅读水平令人担忧。中国出版科学研究所发布过《2008全国国民阅读与购买倾向抽样调查报告》，报告中说我国的阅读主体是18周岁以下未成年人，他们因为学习，阅读率达到了81.4%，而成年人只有49.3%。成人人均年阅读图书4.72本，这个可怜的数字，还比2007年多0.14本。

超过六成的国民对自己阅读的情况表示不太满意或很不满意，但是大家都有各种各样的原因：工作太忙没时间读书；没有读书的习惯或不喜欢读书；因看电视而没有时间读书；文化水平有限；读书有困难；找不到感兴趣的书；不知道该读什么……你是其中的哪种情况呢？

很多爸妈牺牲了自己的休息时间来给孩子料理生活，却从来没有想过通过自己给孩子做一个爱学习的好榜样。家长们每天在琐碎的家务中脱不开身，但想要帮助孩子提高学习的积极性，就需要拿出时间来阅读，做给孩子看。

人类的知识和教养都是从学习中得来的，一个不爱看书、不爱学习的人，很容易被时代所淘汰。

但，在这个世界上，并不是所有的人都爱看书。

张英就是一个不爱看书的人。婚后张英就辞职了，在她看来自己不需要工作，老公工资高，她只要安心"相夫教子"就好。每天，张英早起给孩子和老公做饭，送走了老公孩子就打打麻将，做做家务，看看电影,上上网。可不知道为什么,张英觉得孩子对她越来越淡漠,孩子也不爱和她说话,总说和她在一起没意思,每想到这儿张英就很不开心,立即揣上钱包出去逛街。对她来说,购物可以忘记一切不快。

实际上,张英很时尚,她选用最好的化妆品,穿高档品牌的衣裙。有时间她也看看好莱坞的片子,吃西式快餐,心情好了还会打打网球,听听摇滚。大学里积攒的英文单词她还勉强记得几千个,歌星影星的名字至少也知道几百……

在张英看来,自己是最懂得生活的女人,她不明白为什么自己在孩子眼里竟然那么索然无味。

| 3 |

在我们身边,有很多爸妈和张英一样。大学一毕业,求知欲也跟着"毕业"了。他们的脑子里来来回回转着的就是饭局、赚钱,偶尔还会关注一下周围人的是是非非,或者是自己的新车新衣服,以及眼角悄悄爬上来的皱纹。

至于自己的内心,他们是顾不上想的,还理所当然地认为,既然不需要考试了,再看书岂不是浪费时间?

有一个词语叫"书香世家",可见在中国的传统文化当中,书的香气能够浸染整个家庭的氛围。而在家庭当中,如果爸妈喜欢读书,孩子一定会好奇爸妈被什么吸引住了,为什么被吸引,因而会跟着效仿,找到读书的乐趣。

陷入阅读中的状态是迷人的,为了孩子也好,为了自己也好,多多读书,是甩手爸妈最明智的选择。

第九章

甩手爸妈,远离完美主义教条

不做洁癖爸妈，"干净"孩子易生病

很多孩子从出生开始，

爸妈恨不得直接把孩子塞进无菌真空中，

远离一切有可能携带病菌的物品与食品。

如此谨小慎微的养育模式，

如愿以偿地把孩子养成了一朵"娇花"，

小风一吹就要住进医院，

喝一口凉水都要挂几天吊瓶，

……

| 1 |

随着卫生意识的加强，"干净"二字经常被爸妈提到无以复加的高度，为了避免细菌侵袭孩子，爸妈在生活中不仅把"别跪地上""别摸栏杆""脏死了"挂在嘴边，更是大量使用消毒剂、除菌剂。

但是这样就能让孩子健康成长吗？

翻翻报纸，看看新闻，我们就会发现，因为过度洁净造成孩子患上各种疾病的案例层出不穷。武汉的刘女士是一位妈妈，女儿盼盼今年5岁了。刘女士从小爱干净，有洁癖，生了盼盼之后，洁癖变得更加严重了。为了给盼盼一个完全干净的生活环境，刘女士从来不让盼盼在外面玩。家里的每个房间都打扫得一尘不染，近乎"真空"。每天给盼盼洗澡，甚至用消毒液给盼盼的衣服消毒。

半个月前，盼盼有了咳嗽的症状，刘女士以为女儿是着凉感冒了，就买了点感冒药，也没有放在心上。过了两天，盼盼在家突然剧烈咳嗽，甚至呼吸困难，刘女士吓坏了，急忙把盼盼送到医院。经过医生检查，盼盼是急性哮喘发作，目前病情已经得到了控制。

在了解了刘女士的家居环境和生活习惯后，医生找到了盼盼哮喘的原因，正是刘女士的洁癖作祟。人的免疫系统需要受到外部环境的刺激，才能逐步稳定。过度干净的环境，使得病原微生物接触以及细菌或病毒自然感染的机会减少，反而会增加孩子患哮喘的风险。

| 2 |

元代书画家、诗人倪云林是历史记载的知名洁癖者。他雇两个佣人专门打扫卫生，从茶几到砚台，要求一尘不染。

他家有一棵梧桐树，他最看不惯这棵梧桐。因为树上老有灰，总感觉有脏东西在上面，于是让人泼水擦。天天擦，后来这棵树就死了。

有一天，朋友来家里做客，因为太晚了，就留在家里睡一晚。倪云林晚上睡不着，蹑手蹑脚地跑去听朋友有没有弄脏家里的东西。突然，朋友咳嗽了一声，倪云林一夜没能入睡。第二天等朋友一走，他立马发动佣人一起寻找朋友留下的污渍，但没有找到，倪云林就一直担心,有个佣人灵机一动,随便找了一张污渍的树叶,说是找到了。倪云林这才放下内心的大石。

洁癖不仅会导致身体疲惫,对精神也是折磨。整洁干净固然是每个家庭的追求,但过于追求完美是会让人崩溃的,从小生活在洁癖的环境中,对孩子的生理和心理压力都会比较大。

如果爸妈有严重洁癖,孩子就会被严格控制,伴随着各种限制长大。吃饭不能掉渣,衣服不能乱扔,鞋子不能乱放,书本要摆整齐……如果做不到,他们就不停地唠叨、唠叨、唠叨……直到孩子妥协。

这对孩子意味着,家不再是一个温暖舒适的地方,而是一个处处受限的牢房。

| 3 |

家是我们每个人心灵的港湾。在家里,我们可以放松,可以倾诉,可以大哭,可以大笑,我们可以肆无忌惮地做自己。爱孩子,爱家人,让我们的家变得温暖,让我们的孩子有安全感,自信地去寻找自己的理想。甩手爸妈会让孩子在温馨的环境中健康快乐地成长,而不是在真空实验室般的房子里寂寞长大。

延迟满足，克制面对美丽的诱惑

六月天孩儿脸，说变就变，

喜怒无常是小孩子的特性，

但如果从小不加以恰当地引导，

长大之后还是阴晴不定，

稍有不顺心就无法控制自己的情绪，

简直就是糟糕透顶。

延迟满足，

给孩子耐心的陪伴，

让他们静心地长大吧。

| 1 |

心理学家认为："在与周围环境的相互作用中，孩子们能吸取到最丰富的知识。"德国的一位儿童教育专家也说过："各种不同的经历有助于形成大脑内神经中枢系统间的相互联系，儿童可以由此不断

得到新的信息。"

也就是说,孩子对一件事情的兴趣会很快地消失,其关注某件事情的时间一般情况下也不会超过15分钟。实际上,孩子兴趣转移的速度也会随着她们年龄的增长而慢慢地有所缓解。孩子在2岁的时候,兴趣变化是最快的,而等到孩子12岁之后,这种变化的速度就会减慢,甚至有的小孩已经有了固定的兴趣和爱好。

虽然孩子的兴趣转移过快是正常的表现,但是爸妈也不能任由孩子随意地发展。从孩子小的时候开始,爸妈就应慢慢地培养孩子的注意力,使孩子对某一事物专注起来,这对孩子日后养成良好的学习习惯也是有好处的。

孩子前一秒喜欢的还是米老鼠,而下一秒就变成了喜羊羊,妈妈一直无法理解孩子的这种心态。其实,孩子的兴趣和爱好转移太快是很正常的。通常情况下,小孩子都比较喜欢五颜六色、新鲜的事物。可是,这些五颜六色、稀奇古怪的新鲜事物太多了,再加上孩子喜怒无常的特性,发生兴趣转移现象是最正常不过的一件事情了。

| 2 |

"妈,你给我报个兴趣班吧,我不想每天都出去玩了。"丁丁对妈妈说。

"儿子,你喜欢什么?妈妈明天就给你去报。"

"报个美术班吧,画画挺好的。"

三天后,丁丁又对妈妈说:"妈,那个美术班我不想去了,你给我换一个吧。"说着,丁丁把妈妈前几天买回来的画具扔到了一旁。

"怎么不去了?不是画得挺好的吗?"

"没意思，这次我要报吉他班。"

一个星期后，"妈，我的手指都破了，你给我换个班吧，我现在一点儿都不喜欢吉他。"

……

对于新鲜的事物，大多数孩子在最开始的时候总是抱有热情，跃跃欲试，但三分钟的热情一旦过去，兴趣就会慢慢消失。

既然兴趣持续的时间很短，那么在成长过程中，要如何培养孩子的耐性呢？

首先，让孩子享受"延迟满足"。实验证明，爸妈不马上满足孩子的要求，而是让孩子通过努力获得的教育方式，能够让孩子更能抵御周围的诱惑而坚持把事情做完。因此，在物质丰富、生活便捷的现代社会，爸妈不要迅速满足孩子的任何需求，这容易导致孩子缺乏耐心和自我努力的意识，从而错过培养耐心的机会。

其次，在孩子自己做事的过程中，大人不要随意打扰，以免养成半途而废的不良习惯。比如，当孩子在玩拼图时，不要让他放下手中的拼图去吃东西；当孩子正在专心练琴时，不要跟他说些之后的事情。这样才有助于孩子养成有始有终的好习惯。

再者，当孩子长大一点了，要让他们适当承担一些责任，比如可以让孩子做家务，培养孩子的毅力。

最后，爸妈要做出榜样，许多孩子缺乏耐心，是因为爸妈自己本身也虎头蛇尾。在要求孩子做事时，要切记不能半途而废，在开始一项新的活动之前，必须先完成之前的活动。比如让孩子去洗澡，应在开始烧水时就告诉孩子画好这张画后，才去洗澡。然后在孩子洗澡之前别忘了认真检查画到底画完了没有，这本身就是在培养孩子做事有始有终的良好习惯。

|3|

耐心是需要磨炼的,越是在困难的环境当中,耐心越能够得到锻炼。因此,在生活中,爸妈应该有意识地为孩子设置障碍,提供机会让孩子克服困难。孩子在做一件事的时候,要告诉他不能半途而废,当孩子经过努力完成了一件事,要及时给予表扬,强化孩子做事有始有终的习惯。

当帮助孩子专注一件事情的时候,爸妈也要表现得有耐心一点儿,不要因为生气而对孩子责骂和催促,这样对培养孩子集中注意力都是有害的。

与不完美和谐相处,养娃不是培养圣人

老师抱怨学生不进取,
学生抱怨老师不理解,
爸妈抱怨孩子不听话,
孩子抱怨爸妈少陪伴……
从此刻开始远离抱怨,

拥抱不完美的生活，

阳光快乐的每一天才会如约而至。

| 1 |

一天，爸爸正在自家的花园里割草，他的小女儿尼奇在旁边玩耍。爸爸是一个很认真的人，而尼奇是一个天真活泼的孩子，她在爸爸旁边又唱又跳，还不时把爸爸割下的草抛向天空。父亲对女儿的行为很不耐烦，于是斥责了女儿一顿。尼奇难过地走开了，可不久又回到花园里，一本正经地对爸爸说："爸爸，我能跟你谈谈吗？"

"当然！"爸爸回答说。但比较勉强。

"爸爸，你还记得我五岁生日吗？我从三岁到五岁一直都在抱怨，每天都要说这个不好那个不好，当我长到五岁时，我决定不再抱怨了，这是我从来没做过的最困难的决定。如果我不抱怨了，你也可以不再那样经常郁闷吗？"

孩子的话让爸爸产生了一种闪电般的震动，仿佛出现了神灵的启示，立刻明白了许多道理。他太了解尼奇的成长了，太了解自己和自己的职业了。他意识到，是尼奇矫正了她自己的抱怨。他明白了，培养孩子不是盯着她身上的缺点，而是认识并塑造她身上的优点，将这些最优秀的品质变成促进她幸福生活的动力。他也意识到，自己以前总是用消极的方式对待他人的缺点和不足，而如果换一种积极的生活方式自己可能会更快乐。

这一天改变了这位父亲——时任美国心理学会主席赛利格曼的生活。赛利格曼虽然是美国著名心理学家，也写了大量有关儿童的著作,但实际生活中跟孩子并不算太亲密。他平时很忙,有许多任务要完成。过去的50年他都在阴暗的气氛中生活,心中有太多消极的情绪,而从那天开始,他决定让心灵充满阳光,要让积极的情绪占据心灵的主导。这位父亲将这种关心人的优秀品质和美好心灵的心理学,称为"积极心理学"。因此,赛利格曼也成为积极心理学的开创者。

其实,无休止的埋怨对孩子本身就是一种伤害。当抱怨成为一种习惯,爸妈很容易发现孩子身上负面的东西会放得越来越大,甚至孩子的一个眼神、一句话都可以让你浮想联翩,进而感慨孩子是多么不成器。

无休止的抱怨不完美的瑕疵只会破坏你与孩子之间的亲子关系,加大交流的难度,让孩子产生"受够了"的厌烦思想,逐步走向自暴自弃,仅此而已,没有任何好处。

| 2 |

小学三年级期中考试过后,涛涛把成绩单拿给爸爸看,一共四门学科,三门都拿了90多分,但有一门只有65分,爸爸很生气地说:"你怎么回事?这门课才60多分,差点就不及格了。这样不行,你必须抓紧时间。明天开始,我给你请家教,以后每天多花时间看书,不准看电视了。"

涛涛很听话,每天放学都去家教老师那儿学习。

后来到了期末考试,涛涛那门课考了85分,学校邀请家长开家长会。会议结束后,爸爸又很生气地批判涛涛:"你怎么回事?我们花了这么多钱这么多精力送你去家教老师那儿,你没有进步,反而退步了,期中排30名,现在掉到33名,真丢人。"两个月的暑假,涛涛没能玩几天，不是去补习班就是在家埋头读书。

又一个学期过去了，涛涛的成绩到了90多分，进入了班里的前10名。这时爸爸又说了："你看，家教和上补习班管用吧，要不你还在30多名晃着呢。这年头，哪个孩子都不傻，大家都在使劲学，就看谁刻苦。"

到了四年级，涛涛考了班级前5名，他兴奋地把成绩单拿给爸爸，希望爸爸能够夸夸他，看到他的进步，但是爸爸看了成绩单后，没声好气地说："又不是第一名，显摆什么？以后记住不能贪玩，好好学习。"

等到涛涛真的拿了第一名时，爸爸又这样对孩子说了："可不能骄傲，一不小心成绩就会掉下来的，千万不能翘尾巴。"后来，在爸妈的严厉管教下，涛涛除了读书学习，几乎不做别的任何事情，也很少跟同学玩。

后来，涛涛考上了重点高中，紧接着又考上了名牌大学，日子看上去很好，但他在大二那年得了严重的抑郁症，不得不休学一年。后来经过调整，他又回校完成了大学学业，但毕业后一直郁郁寡欢，不善与人交往。

在这个充满竞争的年代，学历文凭能力固然重要，然而，相对一生的幸福而言，还有比这更为重要的东西。

｜3｜

当孩子不小心做错某件事情的时候，可以告诉孩子："爸爸妈妈小时候也有犯错的时候，但是爸爸妈妈知道那样做是错误的，就再也没有犯过类似的错误。"孩子是在不断的错误中吸取教训、总结经验的,下次的错误又会是他的一个新起点,慢慢地,他就会破茧成蝶。

　　这个世界上没有十全十美的人,也没有百分百正确的事情,当爸妈不再用这样的"完美"来要求孩子的时候,也要让孩子明白每个人都会有缺点和不足,要让孩子学会理解别人和自己身上的缺点、不足,从而学会乐观地对待生活。

不用跟别人去比较,只需比你的昨天好

　　　　事事都要与人争与人比,

　　　　比赢了皆大欢喜,

　　　　但是比输了的阴影时刻笼罩在孩子的心头。

　　　　一旦失败,

　　　　这样的孩子就会陷入无法自拔的失望中,

　　　　严重者会怀疑一切。

　　　　山外有山人外有人,

　　　　与其每天担心比不过别人,

　　　　不如只跟自己比,

　　　　每天进步一点点,

　　　　日积月累就是巨大的成功。

| 1 |

什么是进步？所谓进步是指孩子的标准还是指爸妈的标准？孩子有了怎样的变化才是进步？有多大的进步在爸妈看来才是进步？

这些问题，每一个爸妈都应该好好地问问自己。其实答案就在家长的心里，就看家长怎样界定孩子的进步。

爸妈对孩子的要求要在孩子的能力范围之内，但更要告诉孩子的是，进步是一点一点积累而来的，凡事都不可能一蹴而就。

父母不应吝啬对孩子的赞美。那样的话，会使孩子觉得自己平时的努力都是不值得的，会认为爸妈只是在乎自己取得的成绩，而不关心自己的努力与付出。

| 2 |

在古希腊神话中，有一个关于西西弗斯的故事。

西西弗斯因为在天庭犯了法，被天神惩罚，降到人世间来受苦。天神对他的惩罚是：要西西弗斯推一块石头上山。

每天，西西弗斯都费了很大的劲把那块石头推到山顶，然后回家休息。可是，在他休息时，石头又会自动地滚下来。于是，西西弗斯就要不停地把那块石头往山上推。这样，西西弗斯所面临的是：永无止境的失败。天神要惩罚西西弗斯，也就是要折磨他的心灵，使他在"永无止境的失败"命运中，受苦受难。

可是，西西弗斯不肯认输。每次，在他推石头上山时，他就想：推石头上山是我的责任，只要我把石头推上山顶，我的责任就尽到了，至于石头是否会滚下来,那不是我的事。

当西西弗斯努力地推石头上山时,他心中显得非常平静,因为他安慰着自己:明天还有石头可推,明天还不会失业,明天还有希望。最后,天神因为无法再惩罚西西弗斯,就放他回了天庭。

只有哀怨而没有希望,便无从在苦难中发现生活的意义,无法将消极的苦难变成积极的生活动力并从中汲取人性的滋养。

那么希望在哪里呢?其实很简单,就在孩子天真、稚嫩的心里,就看孩子自己是否能找到那颗遗留在心里的一点希望。就算孩子一段时间内沉浸在了失望、消极之中,爸妈也要帮孩子走出来,给孩子力量与鼓励。

那么希望是什么呢?其实希望就是孩子心里那盏明亮的灯,不要把它轻易熄灭了。爸妈一定要和孩子一起,主要是协助孩子呵护好孩子内心的那盏灯。孩子的心中一旦充满希望,这种特性便能使孩子在黑暗中看到光明,敢于迎接挑战。

| 3 |

当孩子在某方面取得了小小的进步时,切记不要拿孩子的弱项跟其他孩子的强项进行比较,这在无形之中会打压孩子的自信心,消除孩子做事的积极性。真正聪明的甩手爸妈要拿孩子的今天与昨天比,只要今天的他比昨天进步一点点,即使只有一点点,也要给予表扬和鼓励。只有这样,孩子才能够树立自信心,才能保持愉快的情绪和心态,才能够有积极的行动。

爸妈们要知道每个孩子之间是有差异的,在基础知识、能力和个性方面都有或多或少的差异,但是这些差异是可以消除的。只要孩子有坚定的信念，一步一个脚印地往前走，不断积累着一点一点的小进步，最后一定能品尝到成功的喜悦。

接受不完美的自己与不完美的孩子

希望自己和自己的孩子在别人眼中是完美的存在，

这是多么荒唐而不切实际的想法，

可偏偏就有很多爸妈是这么生活着的。

聪明的甩手爸妈更喜欢我行我素，

接受不完美的自己与不完美的孩子，

自信的人不需要生活在别人的影子下。

| 1 |

马小虎写作业非常慢，他一边写一边擦，别的小朋友用一个小时就能完成的作业，他需要四五个小时。这不是因为他不会做，也不是因为他写得慢，而是因为他对自己写的字稍微有一点点不满意，就会全部擦掉重新写。所以时间花得很长。

悠悠也有类似的情况，自己写作业时要求特别干净，如果有一点点不满意，就会把整篇作业擦掉重新写。

每个人都希望自己能够成为一个被大众肯定和欣赏的人，这在心理学上也得到过证实，不过在希望得到大众的肯定之前，需要认真思考自己对自己拥有多少信心。

爸妈要让孩子明白，充满自信地坚持自我是每个人必备的素质。对自己有信心的人，不会因为别人的意见而改变自我，因为没有一个人会让所有人感到满意，俗话说"金无足赤人无完人"，没有人是完美的，谁都一样。

爸妈要让孩子知道，每个人做事都是为自己而做，只要让自己满意，或者让自己在乎的人满意就够了。很多事情，不要太苛求自己，只要自己尽了最大努力，不管结局如何，都不重要。人生在世，要知足常乐。

| 2 |

有一个耳熟能详的故事，说有一对爷孙，在附近的镇上买了一头小毛驴，因为回家的路程遥远，所以回去的时候，爷爷骑着小毛驴，孙子跟在后面。这时候路过一位妇女，指责爷爷："你这个爷爷可真自私，自己骑着毛驴，却让这么小的孙子自己走路。"爷爷觉得妇女说得很有道理，于是让孙子骑着小毛驴，自己走路。

又走了一段路，遇到了一个老人，老人指责孙子："你爷爷年纪这么大了，你还让他徒步，你自己却骑着小毛驴享受，真自私。"孙子觉得老人说得有道理，于是爷孙俩一起骑着小毛驴往前走。

过了一会儿，爷孙俩途径一个毛驴场，养驴的工人看到这一幕，心生气愤，说："毛驴难道不会累吗？你们爷孙俩骑着这么一头小毛驴，真是狠心。"于是，爷孙俩就都下来走路了，身后牵着小毛驴。

就这样又走了一段路，遇到了一群年轻人，年轻人看到爷孙俩牵着小毛驴在走，笑道："你们可真笨，有了小毛驴，却还要用自己的脚走路。"爷孙俩听着，觉得有道理，但是他们已经不知道该怎么办了，好像不管怎么样都会被指责，于是两个人就索性抬着小毛驴回家。

经过一条河的时候，被抬着的小毛驴没有稳住，掉进了河里，被湍急的水流冲走了，爷孙俩最后什么都没有了。

每个人的身份不同，看问题的角度自然也不同，给出的意见和看法都是基于自己的身份有感而发。爷孙俩最后失去了小毛驴，最重要的原因不是因为那些路人的指指点点，而是他们自己摇摆不定。

| 3 |

如果因为一些合理的行为遭到大人的误解，而从此开始怀疑自己或者怀疑身边的人，这是非常不值得的。自卑会让孩子失去信心，做的事情是否正确也不能确定，这样也是不值得的。

爸妈要让孩子知道：每个人的身份和价值观不同，同样的一件事，有的人认为是正确的，但有的人却认为是错误的。盲目从众只会让孩子陷入更大的窘境之中，不如安安心心做自己，踏踏实实过好每一天，即使不完美也无所谓。

不放弃，教孩子向着更好的自己努力

没有比较就没有伤害。

喜欢追求完美的人，

不知不觉就会在心中种下自卑的种子，

爸妈在孩子小的时候不能善加引导，

长大后孩子将很难克服这种负面的影响。

即使有种种不完美的存在，

我们也要鼓励孩子，

不放弃，

要向着更好的自己努力奋进。

| 1 |

一位黑人妈妈带女儿到商场买衣服。一个白人店员挡住女儿，不让她进试衣间试穿，还傲慢地说：这个试衣间只有白人才能用，你们只能去储藏室里一间专供黑人用的试衣间。可妈妈根本不理睬，她对店

员说：我女儿今天如果不能进这间试衣间，我就换一家店购衣！女店员为留住生意，只好让她们进了这间试衣间。

又一次，女儿在一家店里摸了摸帽子而受到白人店员的训斥，这位妈妈再次挺身而出：请不要这样对我的女儿说话。然后，她对女儿说：康蒂，你现在把这店里的每一顶你喜欢的帽子都试一下吧。女儿快乐地按妈妈的吩咐，真把每顶自己喜欢的帽子都试了一遍，那个女店员只能站在一旁干瞪眼。

面对生活中的各种歧视和不公，妈妈对女儿说：记住，孩子，这一切都会改变的。这种不公正不是你的错，你的肤色和你的家庭是你不可分割的一部分。这无法改变，也没有什么不对。要改变自己低下的社会地位，只有做得比别人更好，你才会有机会。

从那一刻起，不卑不屈成了女儿受用一生的财富。后来，她荣登福布斯杂志全世界最有权势女人宝座，她就是美国国务卿赖斯。

在赖斯小的时候，当她面对歧视和不公正的各种待遇时，如果她的妈妈要求她忍让、顺从，那么，还有今天的赖斯吗？不会，因为一个被自卑感包围的孩子，是没有勇气和力量去改变命运的。赖斯的妈妈显然意识到了这一点，因此，无论在什么情况下，她都鼓励赖斯，帮助她驱赶心中自卑的阴影，从而使赖斯能保持自信，并且这种自信又帮助她一步一步走向白宫，走向国务卿那个令人羡慕的职位。

l 2 l

英国学者弗兰克林小时候就有自卑的倾向。他总是抱着"我不行"的态度去面对生活，甚至有时做对了，也还要怀疑自己是错误的。

这种自卑倾向对于一个孩子来说是很不幸的。

但更为不幸的是，弗兰克林的妈妈和他的老师都未因此对他进行正确的引导，更没有教给他一些战胜自卑的方法，甚至没有鼓励过他。于是，自卑像一颗"毒瘤"一样根植于弗兰克林的心里。他总是否定自己，不敢承认和正视自己，而这也影响了他一生。

1951年，弗兰克林从自己拍摄的X照片上发现了DNA(脱氧核糖核酸)的螺旋结构，并且就这一发现作了一次演讲。但是，弗兰克林生性自卑，他不相信自己能有如此伟大的发现，因此，在演讲完之后，他又开始怀疑自己的假说是错误的，并且最终放弃了继续研究。

过了两年，科学家克里克和沃森也从照片上发现了DNA的分子结构，他们提出了DNA双螺旋结构的假说，并且对此进行了不懈的探讨和研究。DNA双螺旋结构的发现和确定，标志着人类生物科学时代的到来，克里克和沃森因此而荣获1962年度的诺贝尔医学奖。

假如弗兰克林的妈妈在其幼年时就帮助他克服自卑心理，并建立自信，那么长大成人后的他就会把这种自信带进工作中，就会坚信自己的发现与假说，那么这个伟大的科学成果也许会同他的名字一起载入史册。

要消灭自卑，其最佳途径就是在孩子幼年时，及时对他进行正确引导，把自卑消灭在萌芽状态。

| 3 |

如果孩子感到自卑，爸妈则不妨多提提孩子的长处，这样便于

增强自信，克服自卑。虽然世上没有绝对完美的孩子，但每一个孩子都有优点，这就需要爸妈有一双慧眼去发现，并告诉孩子："你是最棒的！"

爸妈要懂得放大孩子的优点，并让孩子沉浸在优点带来的快乐中；爸妈要懂得不要总是对孩子说"不"，不要对孩子高要求高标准；爸妈还要懂得不要夸大孩子犯的错，每个人都会犯错，在错误中汲取到经验和教训才是最宝贵的财富。

坚持下去，让孩子成为最好的自己，那么，你所坚持的甩手教育就真的成功了。